KB158189

# 오바마는 왜 트럼프처럼 김정은을 다루지 않았을까

## 북미정상회담 그 후, 꼭 읽어야 할 오바마 대북정책의 교훈

# 오바마는 왜 트럼프처럼 김정은을 다루지 않았을까

북미정상회담 그 후,
꼭 읽어야 할 오바마 대북정책의 교훈

신석호 지음

긴소

## 프롤로그

2009년 7월 20일 서울 종로구의 한 한식당. 버락 오바마 미국 대통령의 초대 동아시아태평양담당 차관보로 임명된 커트 캠벨이 현인택 당시 통일부 장관과 마주 앉았다. 두 시간 남짓한 오찬 동안 현 장관은 "김정일이 3~5년 살 수 있다고 한다. 북한 급변사태가 날 경우 한국과 미국이 한반도 통일을 위해 나아가야 한다"고 역설했다. 배석자들에 따르면 현 장관의 오랜 지인인 캠벨은 "한미 양국이 어떤 대북정책을 펴야 하느냐"고 조언을 구했다. 약 5초 동안 말없이 생각에 잠긴 현 장관은 "전략적 인내(strategic patience)와 압박(pressure)이 필요하다"고 답했다. 성급하게 북한과 대화에 나서기보다는 원칙 있는 대화를 강조하면서 북한의 태도가 변화할 수 있도록 다각적인 압박을 해야 한다는 것이었다.

캠벨은 눈을 크게 뜨면서 "참 좋은 아이디어다. 미안하지만 당신을 인용하지 않고 그 단어들을 사용할 수 있겠느냐"고 물었다. 오바마 행정부의 대북정책 브랜드인 '전략적 인내'는 이렇게 시작됐다. 강대국과 약소국 간의 '비대칭동맹'인 한미동맹의 역사 속에서 출범 2년 차 이명박 정부가 1년 차 오바마 행정부를 상대했던 당시는 한국 대미외교의 '상대적 자율성'이 컸던 시기였다. 미국 측은 중요 사안에 한국 측의 의견을 물었다. 오바마 대통령과 이명박 대통령 간 소통도 긴밀했다. 이명박 정부 초대 외교장관인 유명환과 오바마 행정부 1기 외교 사령탑인 힐러리 클린턴 국무장관의 공조도 원활했다. 한미공조는 박근혜 정부와 오바마 행정부 2기에도 지속되었다. 윤병세 외교장관과 존 케리 2기 국무장관도 서로의 이름을 부를 만큼 절친한 관계를 유지했다. 한미동맹은 빛조차 샐 틈 없다는 평가를 받았다.

하지만 양측의 신뢰관계를 바탕으로 한미관계가 '이보다 더 좋을 수 없다'고 평가되는 오바마 행정부 8년 동안 역설적으로 북한 핵·미사일 문제는 최고로 악화됐다. 북한은 2009년 5월, 2013년 2월, 2016년 1월 등 모두 세 차례 핵실험을 하며 사실상 지금의 핵 무력 완성을 이 시간 동안 마무리했다. 오바마 대통령은 임기 마지막 해인 2016년 북한에 대한 제재와 압박의 수위를 강화했지만 이미 늦은 때였다. 북한은 도널드 트럼프 대통령 취임 첫해인 2017년 12월 12일 핵 무력이 완성되었다고 선언했고, 2018년 1월 1일 김정은의 신년사를 시작으로 전향적인 대남 대미 대화에 나서고 있다.

오바마 행정부는 2012년 2·29합의 파기 이후 사실상 북핵 저지를 위해 아무것도 하지 않았다는 비판에 시달렸다. '전략적 인내'만 하고 '압박'은 제대로 하지 못했다는 평가가 지배적이었다. 실제로 북핵 문제는 이라크와 시리아, 러시아와 우크라이나, 중동 남중국해 문제 등의 뒤로 밀렸다. 중국을 압박해 북한을 변화시키는 것에도, 한국을 통해 북한을 변화시키는 것에도 실패했다. 시진핑 중국 국가주석은 2013년 취임 직후 오바마 대통령과 만나 북한 비핵화 원칙에 합의했지만 주도적인 압박에 나서지 않았다. 박근혜 정부는 일본과의 과거사 문제에 매달린 나머지 '통일대박'과 '동북아 평화구상'이라는 장밋빛 청사진을 내건 것 이외에 북핵 저지를 위해 사실상 아무 일도 하지 못했다.

2017년 1월 취임한 도널드 트럼프 대통령은 '최대한의 압박과 개입(Maximum Pressure and Engagement)' 정책을 들고 나왔다. 북한을 극한으로 압박한 뒤 태도 변화 조짐이 보이면 과감히 대화하겠다는 뜻이었다. 현인택 장관이 제안했지만 전략적 인내에 밀려 생각된 듯 보였던 8년 전 '압박'이 더 강조된 것이기도 했다. 트럼프 대통령은 오바마 대통령의 '전략적 인내' 정책을 입만 열면 비난했다. 김정은이 2018년 신년사를 시작으로 전향적인 대남, 대미 대화에 나서면서 트럼프의 말에 무게가 실렸다. 실제로 트럼프 대통령은 취임 이후 북한 비핵화 문제를 미국 대외정책의 우선순위로 두어 왔다. 시리아 내전과 이슬람국가(IS) 퇴치만큼 북한 비핵화를 '시급하고 중요한' 문제로 취급했다. 오바마 등 과거 미국 대통령들과 달리 북핵 문제를 주도하고 있는 것이다. 트럼프 행정부는 오바마 행정부와는 달리 한국의 등을 떠밀지 않았다. 노련한 협상전략가인 트럼프는 북한 다루기를 '자기 장사'로 삼아 정치적 이득을 톡톡히 보고 있다. 그가 선수(先手)를 치며 북한을 말과 행동으로 압박하자 미국의 대북 선제타격론과 전쟁 위기설이 돌기도 했다. 당근(환율조작국 미지정)과 채찍(북한 선제타격 위협)에 시진핑(習近平) 중국 국가주석도 대북 압박에 동참하는 모양새를 나타냈다.

그렇다면 오바마 행정부의 대북정책은 무조건 잘못되었고, 트럼프의 대북정책은 무조건 새롭고 성공적인가? 이 책은 꼭 그렇지는 않다고 주장한다. 트럼프 대통령의 대북정책이 △ 우선순위 △ 대북 주도성 △ 실질적인 대중 압박 △ 대남 주도성 등 네 가지 차원에서 오바마 대북정책보다 효과를 나타내고 있지만 '최고의 압박과 개입'이라는 트럼프 대북정책의 구성요소 자체는 오바마 행정부의 것과 큰 차이가 없다는 것이다. 오히려 트럼프 대북정책의 구체적인 요소들은 오바마 행정부 2기 3년을 거치면서 정교한 핵·미사일 개발 저지 정책 패키지(policy package)로 심화·발전되었다고 주장할 것이다. 그러한 정책 패키지는 오바마 대통령 재임 마지막 해인 2016년 1월 6일 4차 핵실험으로 시작된 북한 김정은의 핵·미사일 개발 완성 국면(the last one mile) 대응과 2017년 1월 도널드 트럼프 행정부 출범 이후 '최고의 압박과 개입' 정책 수립 및 실행 과정에서 본래의 모습을 충분하게 드러내며 성과를 내게 되었다는 점에서 평가받을 만하다.

정책학의 관점에서 오바마와 트럼프 대통령 시기의 대북정책을 살펴보면 점진주의(incrementalism)적인 특성이 확연하게 드러난다. 관료주의의 특성에서 나오는 점진주의 또는 증분주의는 정책 목표와 수단의 급격한 변화와 변동을 꾀하는 대신 기존 정책 패키지와의 연속성 속에서 질과 양을 더해 가는 경향성을 말한다. 사회과학의 제도주의 방법론에서 자주 등장하는 경로의존성(path-dependency)이 강하게 나타나는 것이다. 트럼프 대통령은 자신의 '최대한의 압박과 개입' 정책을 오바마 대통령의 '전략적 인내'와 전혀 다른 것처럼 이야기하지만 실제로는 유사한 정책 수단들을 사용하면서 북핵 고도화의 정도에 맞춰 정책의 질과 양을 강화한 것에 불과하다는 것이 이 책의 주장이다.

실제로 '전략적 인내'라는 대북정책 패키지의 내용은 구체적으로 다음과 같은 열 가지다. ① 근본적 해결책으로서의 한반도 통일 비전, ② 의회가 주도하는 대북정책의 연속성, ③ 국무부와 재무부를 통한 독자 제재, ④ 전략자산을 통한 군사적 압박, ⑤ 인권 문제를 통한 압박, ⑥ 유엔과 국제사회를 통한 제재, ⑦ 원칙 있는 대화, ⑧ 중국을 통한 압박, ⑨ 한미일 3각 공조, ⑩ 민간의 역할 등이 바로 그것이다. 트럼프 대통령의 대북정책 목표와 수단도 앞의 열 가지 범주에서 크게 벗어나지 않는다. 다만 강도와 빈도가 강화되었을 뿐이다. 그 내용은 에필로그에서 간략하게 살펴볼 것이다.

이런 주장을 뒷받침하기 위해 오바마 2기 초반 3년인 2013년부터 2015년까지 3년 동안 〈동아일보〉 워싱턴 특파원으로 현장에서 얻은 경험과 증언, 자료 등을 집대성해 독자들에게 기여하려고 한다. 단순히 당시의 대북정책 흐름을 소개하는 것에서 나아가 현장에서의 감상과 에피소드, 뒷이야기 등을 충분히 소개해 이해를 도울 것이다. 당시에 〈동아일보〉와 〈주간동아〉에 썼던 기사들과 〈민족화해〉 등 외부기고 들을 바탕으로 맥락에 맞는 내용들을 집필과정에서 새로 추가하기도 했다.

이하 본문에서는 2016년 1월 이후 미국이 북한의 핵 폭주 과정에 대응하는 열 가지 대응 수단들이 오바마 행정부 2기 3년 동안 어떻게 정교화되고 유기적으로 연결된 정책 패키지로 자리 잡았는지를 설명한다. 오바마 대북정책의 성과와 아울러 결함 역시 객관적으로 다룰 것이다. 오바마 대북정책 역시 시대의 한계를 뛰어넘지 못했다는 것이 이 책의 또 다른 주장이기도 하다. 결론인 에필로그에서는 오바마 대북정책과의 비교 관점에서 트럼프 대북정책을 고찰한다. 부록에는 본문에 포함되지 못했지만 미국의 외교안보정책과 한반도 문제에 관심이 있는 독자들이 읽을 만한 이라크 전쟁 교훈과 쿠바 개혁개방 등 현장 이야기를 덧붙였다.

북한학 박사가 워싱턴에 가면 책이 족히 몇 권은 나올 거라는 격려를 받고 의기양양하게 부임했다. 하지만 현실은 그렇게 녹록하지 않았다. 서울과 시차를 맞춰 밤낮을 뒤바꿔 일해야 하는 극한 상황, 일과 함께 가족을 챙겨야 하는 처지는 몸과 마음의 에너지를 고갈시켰고 하루에도 몇 번이고 마음의 평정을 시험했다. 미국인들은 일과를 마치고 잠드는 시각에 서울에서 전해지는 다양한 지시사항을 이행하면서 하루하루에 충실하려고 노력했다. 2013년 2월 3차 핵실험 이후 북한의 전략도발이 없는 상황에서 오바마 행정부는 외견상 뜨뜻미지근한 '전략적 인내'로 일관했다. 후반기에는 한일 간 위안부 역사 문제가 워싱턴 외교가를 점령하면서 전공인 북한 문제에 몰입할 수 없는 분위기가 되었다.

그렇게 3년을 있다가 귀국한 뒤 일주일도 채 안 된 2016년 1월 6일 북한은 4차 핵실험을 하면서 2년 동안의 핵무력 완성을 시작했다. 나는 그것을 북한 핵개발의 마지막 완성 국면(the last one mile)이라고 부르면서 열심히 쫓아갔다. 국제부 차장과 부장, 현재의 디지털뉴스팀장으로 지면과 모바일 디지털 에디팅을 하면서, 그리고 북한 전문기자 자격으로 다양한 채널A 뉴스 프로그램에 패널로 출연하면서, 동아일보 부설 화정평화재단 21세기 평화연구소 연구위원 자격으로 세미나와 토론회에 참여하면서 말이다. 그러던 어느 날, 워싱턴에서 단편적으로 쌓았던 기억과 기록의 편린들이 하나로 모아지면서 북한학 박사가 워싱턴에 간 의미가 무엇이었는지 알게 됐다. 그것이 바로 이 책의 골자다.

2017년 초 마음속으로 기획한 책이 삼성언론재단의 그해 하반기 언론인 저술지원 대상에 선정되면서 집필에 속도를 냈다. 2003년 《토요일에는 통일을 이야기합시다》(필맥), 2008년 《김정일과 카스트로가 경제위기를 만났을 때》(전략과 문화), 2012년 《분단저널리즘 뛰어넘기》(리북)에 이어 네 번째 단독 저서를 내게 된 점 가슴 뿌듯하다. 틈날 때마다 현장에서 취재하고 경험한 것을 글로 남겨야 한다는 언론인으로서의 사명에 충실했을 뿐이다.

동아일보의 워싱턴 특파원이라는 영광스러운 경험을 허락해 준 김재호 사장님 이하 많은 선후배 동료들께 감사드린다. 치열한 경쟁 속에서도 밤낮이 함께 뒤바뀐 서로를 배려하고 격려해 주었던 대한민국 워싱턴 특파원들에게 이 책을 바친다. 3년 동안 아들의 무사귀환을 기도해 주신 아버님, 어머님께 머리 숙인다. 낯선 환경 속에서 묵묵히 남편을 지원해 주고 응원해 준 아내 김희연과 아프지 않고 씩씩하게 잘 자라 준 딸 혜원 아들 정원에게도 고마움을 전한다. 책의 사외 출판을 허락해 준 동아일보 저술지원 및 저작권위원회와 졸고를 예쁜 책으로 만들어 준 린쓰 류원식 사장에게 감사드린다.

2018년 6월 1일

길음동 서재에서 신석호

[연표] 북한 3차 핵실험 이후 미국 대북정책의 비교

| 구분 \ 기간 | 2013 | 2014 | 2015 |
|---|---|---|---|
| 한국 정부 | • 박근혜 정부 집권 | | |
| 미국 정부 | • 버락 오바마 행정부 2기(1~3년차) | | |
| 북한의 핵·미사일 개발 단계 | • 2013년 2월 3차 핵실험 이후 전략도발 휴지기 | | |
| 정책 비전 | • 한반도 통일(미국의 적극적 행동은 유보) | | |
| 의회와의 협조 | • 공화당 하원, 민주당 상원 장악 | | • 공화당 양원 장악 |
| 단독 제재 | • 2013년 3월 11일 북한 대외결제은행인 조선무역은행 제재<br>• 하원 외교위, 대북 제재 강화 및 이행법안 잇달아 발의 | | |
| 군사적 압박 | • 2013년 3월 19, 28일 전략자산인 B-52, B-2 폭격기 한반도 비행 훈련 | | |
| 인권 문제 압박 | • 2013년 3월 북한인권조사위원회(COI) 설치되며 북한 인권에 대한 국제 관심 고조 | | |
| 국제사회 공조 | • 유엔 안보리, 2013년 3월 7일 대북 제재 결의안 2094호 채택 | | |
| 대화 모색 | • 완전하고 검증 가능하고 되돌릴 수 없는(CVID) 비핵화 요구 | | |
| 중국 활용 | • 중국의 선의에 기대하면서 실질적인 압박을 하지 않음 | | |
| 한미일 공조 | • 한국에 주도권 줬지만 성과 없음<br>• 한일 간 위안부 역사 문제 갈등 심화 | | |
| 민관 협조 | • 북한 민주화 운동과 대북 1.5트랙 대화에 민간 참여 활발 | | |

| 2016 | 2017 | 2018 |
|---|---|---|
| | 박근혜 탄핵<br>국정 공백<br>• 문재인 정부 집권 | |
| • 버락 오바마 정부 2기 4년차 | • 도널드 트럼프 행정부 집권 | |
| • 4~6차 핵실험, 핵무력 완성기 | | |
| • 북한 비핵화(김정은 정권 교체 협박) | | |
| | • 공화당이 상원과 하원 모두 장악해 트럼프 행정부의 대북 정책 지지<br>• 공화당 양원 장악 | |
| • 2016년 1월 2일 인권 침해와 사이버테러 포함한 행정명령 발동 | • 2017년 6차례 행정명령 발동을 통한 대북 제재 단행<br>• 2017년 8월 2일 북한, 러시아, 이란 제재법 발효<br>• 2017년 11월 20일 북한 테러지원국 재지정 | |
| | • 2017년 9월 23일 전략폭격기 B-1B 편대가 한반도 동해 북방한계선(NLL) 이북 공해상에서 훈련 | |
| • 2016년 7월 이후 대통령 행정명령에 근거한 세 차례 대북 인권 제재 실행 | | |
| • 유엔 안보리, 2016년 3월 2일 이후 여섯 차례 대북 제재 결의안 채택 | | |
| | | |
| | • 무역과 환율정책 등으로 중국 압박<br>• 중국도 유엔 제재 협조 | |
| | • 트럼프가 주도하는 가운데 '운전자론' 표방한 문재인 정부도 역할 | |
| | • 트럼프 대통령의 주도 속에 민간의 역할은 상대적으로 축소 | |

# 차 례

1

# 미국판
# 통일대박론의 시말

"당신들이 살아 있는 동안에 그런 변화를 볼 수 있을 것이다. (중략) 통일은 불가피하다고 생각한다. 유사 종교 같지만 우리는 믿을 필요가 있다. 당신들은 당신들이 이룬 것에 대해 신뢰감을 가질 필요가 있다. 한국과 북한의 생산성을 비교하면 놀랄 정도다. 이건 근본적이고 중요하고 핵심이다. 한국은 지금 매우 강력한 나라다. 북한은 그렇지 않다."

★

북한이 3차 핵실험을 단행하고 한 달쯤 지난 2013년 3월 12일(이하 미국은 현지 시간). 버지니아 한식당 우래옥에서 일군의 워싱턴 특파원들이 당시 미국의 한반도 정책 핵심 당국자 A와 오찬 간담회를 하고 있었다. 2기 출범 직후 북한 도발에 직면한 버락 오바마 행정부의 대북 인식과 정책 방향을 공유하자는 취지로 마련된 이날 모임에서 그는 비교적 자유롭게 자신의 생각을 털어놓았다.

몇 가지 현안에 대한 질의와 응답이 오간 뒤 한 기자가 "한반도가 통일될 가능성이 있다고 생각하느냐"는 질문을 던지자 좌중에 웃음이 쏟아졌다. 하지만 그의 반응은 의외였다. 그는 "전략적으로 좋은 질문"이라고 평가한 뒤 이렇게 말했다.

"나의 개인적인 믿음은 절대적이다. 그것(한반도의 통일)에 대해 어떤 의심도 하지 않는다. 언제 어떻게 일어날지 말할 수는 없다. 하지만 나는 절대적으로 믿는다. 당신들이 살아 있는 동안에 그런 변화를 볼 수 있을 것이다."

당시는 박근혜 정부의 이른바 '통일 대박론'이 나오기 1년 전쯤이었다. 한반도 통일에 대한 미국 대북정책 책임자의 단호한 이 발언에 특파원들은 일제히 환호를 쏟아 냈다. 미국의 한반도 정책 비전이 통일이라는 내심을 드러내는 대목이었다.

"우리가 살아 있는 동안에 (통일이 이뤄지기를) 마음으로 기대한다. 통일은 불가피하다고 생각한다. 유사 종교 같지만 우리는 믿을 필요가 있다. 당신들은 당신들이 이룬 것에 대해 신뢰감을 가질 필요가 있다. 한국과 북한의 생산성을 비교하면 놀랄 정도다. 이건 근본적이고 중요하고 핵심이다. 한국은 지금 매우 강력한 나라다. 북한은 그렇지 않다.

미국의 정책을 결정하는 당국자로서 나는 당신들이 더 큰 자신감과 확신을 가져야 한다고 생각한다. 이건 상식이다. 당신들의 자녀들은 아마도 매우 다를 것이다. 과거 한국을 몇 차례 다녀갔지만 그동안 일어난 한국의 변화는 압도적이다. 당신들이 가지고 있는 힘을 더 잘 이해할 필요가 있다. 단지 그것이 진실이고 일어나고 있기 때문이 아니라 우리는 그것을 일어나도록 할 필요가 있다. 내 말을 적어 놔라. 그렇게 될 것이다. 세계는 김정은이 특정한 방법으로 어떤 일을 만들어 가도록 놔두지 않을 것이다."

미국이 북한의 붕괴와 한반도 통일을 계획하거나 은밀히 실행하고 있다는 불필요한 오해를 불식하면서도 한국과 북한의 국력 차이 등 객관적인 상황에 비추어 볼 때, 한국에 의한 한반도 통일은 불가피하다는 강한 인식을 드러낸 것이다. 나아가 그 과정에 한국이 좀 더 적극적으로 나서야 하며, 그 과정에 미국이 함께할 것임을 명확하게 드러낸 발언이었다.

한반도의 운명을 좌우하는 일에 한국이 좀 더 주도적인 역할을 하길 원하는 이런 인식에 대해서는 7장에서 좀 더 자세하게 다룰 것이다. 여기서는 오바마 행정부 2기 출범과 함께 채록된 워싱턴 내부의 한반도 통일 비전에 대해 좀 더 살펴보기로 한다.

이명박 정부 출범 이후 북한 비핵화 문제의 종국적인 해결방안으로 한반도 통일을 이야기한 워싱턴 내부 인사는 한국계 미국인인 빅터 차 조지타운대 교수였다. 그는 한국은 물론이고 전 세계가 천안함 폭침 사건의 후유증에서 벗어나지 못하고 있던 2010년 10월 한국에서 "한반도 통일만이 북한 핵문제를 완전하게 해결할 수 있을 것"이라고 말했다. 〈세계일보〉 인터넷판에 따르면 그는 외교안보연구원과 대통령 직속 미래기획위원회가 10월 21일 서울 중구 장충동 신라호텔에서 공동으로 주최한 '한반도 공동체 통일의 모색' 국제학술회의에서 "최근 김정일 국방위원장의 건강, 후계체제의 구축, 북한 핵문제 해결 등의 관점에서 남북통일에 대한 논의가 활발해지고 있다"

며 이같이 말했다.

한국 내에서는 이명박 대통령이 2010년 8·15광복절 기념사에서 '통일세'를 언급하면서 한반도 통일 담론이 활성화되고 있었지만 미국 워싱턴 인사가 공개적인 자리에서 한국에 의한 북한 흡수통일의 당위성을 이야기했다는 점에서 당시 발언은 주목을 끌었다. 비록 한국계이긴 하지만 트럼프 대통령의 첫 주한 대사로 내정될 정도로 공화당 내부에 뿌리가 깊은 차 교수의 발언이기에 더욱 그랬다. 워싱턴에서도 자주 만났던 그는 김정은 정권에 대해 일관되게 "북한은 곧 도발할 것"이라는 주장을 되풀이했다. 당시는 김정은이 숙청과 내부 권력 장악에 몰두할 때였다. 2013년 2월 3차 핵실험 이후 2016년 1월 6일 4차 핵실험까지 이렇다 할 추가 전략도발이 없는 동안에는 '양치기 목동'이라는 비난을 받기도 했다.

어쨌든 차 교수의 '북한 비핵화의 근본 해결책=한반도 통일' 공식은 이어진 11월 23일 북한의 연평도 포격 도발로 더 큰 호응을 얻었다. 다음 해인 2011년 12월 17일 김정일이 사망하고 20대 후반의 김정은이 정권을 물려받으면서 미국 내에서도 한반도 통일 가능성에 대한 기대 섞인 전망이 크게 확산된 것으로 보인다. 글린 데이비스 미국 대북정책 특별대표가 진두지휘한 2·29 윤달 합의가 4월 13일 김정은의 장거리 로켓 발사로 휴지조각으로 변한 가운데 북한이 3차 핵실험을 단행하자 미국 내에서는 '한국이 주도하는 통일만이 해결책'이라는 담론이 밑바닥부터 번져 나간 것으로 추정된다.

2013년 4월 4일 미 국무부 청사에서 필자와의 단독 인터뷰에 응한 캐슬린 스티븐스 전 주한 미국대사는 북한 문제의 궁극적인 해결 방안으로 "평화로운 통일, 한국인의 의사가 존중되는 통일을 준비해야 한다"고 말했다.

실제로 미 국무부가 2014 회계연도(2013년 10월~2014년 9월) 예산 신청을 위해 2013년 5월 의회에 제출한 '성과 자료' 보고서에는 북한을 뜻대로 다루는 데 실패한 과거에 대한 자성과 현실 인식이 담겨 있었다. 국무부는 2007 회계연도부터 부 차원의 전략 목표 가운데 하나의 정책 목표로 '한반도의 완전한 비핵화'라는 별도 항목을 포함시킨 뒤 해마다 구체적인 실천 목표를 제시하고 자체 평가를 내려왔다. 결론부터 말하자면 구체적인 평가가 내려진 2008년부터 2012년까지의 평균 성적은 '목표 미달(Below Target)'이었다.

이명박 정부 첫해, 조지 W 부시 대통령의 2기 마지막 해인 2008년에 한미는 북한이 전년(2007년)에 6자회담을 통해 만들어진 2·13 및 10·3 합의를 이행하는 것을 기다렸다. 보고서에는 "북한은 6월 26일 핵 신고를 했다. 영변의 3개 핵심 핵시설에 대해 불능화 조치를 시작했다. 8월에 불능화 조치를 잠시 중단했지만 10월 속도는 느렸지만 다시 시작했다"라고 적었다. 하지만 북한은 검증 단계의 시료채취 문제를 두고 미국과 갈등을 초래했다. 국무부가 매긴 성적은 '개선됐으나 목표미달(Improved But Not Met)'이었다.

오바마 대통령 취임 첫해인 2009년을 맞아 북한은 4월 국제원자력기구 사찰단을 추방한 뒤 장거리 로켓을 발사하고 5월에 2차 핵실험을 단행했다. 6월에는 사용 후 연료봉 재처리를 다시 시작하는 등 불능화 조치를 되돌렸다. 유엔 안전보장이사회는 만장일치로 대북제재 결의안 1874호를 채택하고 투명하고 완전한 이행을 추구했다. 보고서에는 "미국은 한반도에서 평화적인 방법으로 검증 가능한 비핵화를 추구하고 북한이 2005년 9·19공동성명에 따라 비확산조약(NPT)와 국제원자력기구(IAEA)로 돌아올 것을 촉구했다"고 기록했다. 당연히 국무부 자체 성적은 '목표 미달'이었다.

2012년을 맞아 미 국무부는 의회에 밝은 청사진을 제시했다. 보고서는 "북한의 협조와 진정한 태도 변화를 전제로, 우라늄 농축 프로그램(UEP)과 초기 검증 의정서 등 비가역적인 비핵화 초기 단계를 협상한다"고 기술했다. 김일성 출생 100주년을 맞아 3대 세습을 진행하고 있는 북한의 핵개발 의사를 평가하면서 한미일 3국의 대응을 강화하고 국제사회의 제재 노력도 유지한다는 내용이 포함됐다.

실제로 미국은 할아버지, 아버지와는 뭔가 다를 것으로 기대했던 김정은과 2·29합의를 체결해 핵실험과 미사일 발사, 우라늄 농축의 중단 조건으로 영양 지원을 약속했다. 하지만 김정은은 4월 13일 장거리 미사일을 발사해 합의를 보기 좋게 깨고 말았다. 국무부의 성적표는 당연히 '목표 미달'이었다. 높은 목표에 비해 턱없이 모자란 성과가 나오자 오바마 행정부 당국자들은 대북정책에 대한 극도의 피로감을 느낀 것 같았다. 워싱턴 외교 소식통들은 "2·29합의 파기 이후 미국 내에 북한 문제를 다뤄 보겠다는 당국자들이 자취를 감춰 버린 상태"라고 내부 분위기를 전했다.

워싱턴의 분위기를 간파한 한국 측도 미국 내에 통일 담론을 불어넣기 위한 다양한 시도를 했다. 아산정책연구원은 6·25전쟁 종전과 한미동맹 60주년을 기념해 2013년 6월 24일 워싱턴에서 '아산 워싱턴포럼 2013'을 개최했다. 한미 전문가들은 '한미동맹 60년의 성공 신화를 바탕으로 북한 핵문제를 넘어 한반도 통일을 이뤄야 한다'고 한목소리로 말했다. 전쟁의 폐허를 딛고 60년 만에 세계 10대 경제 대국이 된 한국의 저력과 든든한 한미 동맹을 바탕으로 한반도 통일을 추진해야 북한 문제를 궁극적으로 해결할 수 있다는 주장이었다.

워싱턴 한복판 레이건 기념관에서 열린 이날 포럼에서 버웰 벨 전 주한미군사령관은 "북한이 대륙간탄도미사일(ICBM)이나 핵탄두 소형화 기술을 가졌는지를 떠나 핵을 개발했다는 것이 문제"라며 "핵무기로 비행기나 기간시설 등을 공격할 가능성을 우려해야 한다"고 말했다. 김성한 전 외교통상부 차관은 "현 지배체제가 존속하는 한 북한이 핵을 포기하기 어렵다는 것이 지난 60년의 교훈"이라며 "북핵에 대한 방어적 자세를 넘어서 적극적으로 평화통일을 추진해야 한다"고 제안했다. 월터 샤프 전 주한미군사령관도 "한국과 미국, 일본, 중국 등 북한의 주변국들이 통일 한반도의 모습을 논의해야 할 때가 됐다"고 거들었다. 유명환 전 외교통상부 장관도 "한미 양국이 체계적인 통일 전략을 마련해야 한다"며 "박근혜 대통령이 이번 방중기간 동안 '핵 없는 통일 한국'이 중국의 국가 이익에 부합한다고 시진핑(習近平) 국가주석을 설득해야 한다"고 조언했다.

통일을 이루기 전 북한 문제를 어떻게 다뤄야 하는지에 대해 게리 세이모어 전 백악관 국가안보회의(NSC) 대량살상무기(WMD) 조정관은 "북한의 지도부 교체 전까지는 북한 핵개발을 지연시키고 확산을 봉쇄하는 지혜가 필요하다"고 말했다. 샤프 전 사령관은 "강력한

**주간동아 2013/3/27 美, 대북정책 성적은 '목표 미달'**

북한이 천안함 폭침 사건과 연평도 포격 도발을 감행한 2010년에 대한 국무부 성적표가 '목표 달성(On Target)'인 것은 다소 의외다. 보고서는 "전례 없는 북한의 무력 도발과 우라늄 농축장치 공개 등에 맞서 '지역 안정을 유지하고 지역 파트너와 동맹과 조화를 이루는 것'으로 대북정책 목표를 수정했다"고 기술했다. 6자회담 참여국들과의 긴밀한 논의를 통해 수정된 목표를 달성했다는 주장이다. 보고서는 "한미일 3국의 장관급 회담을 처음 개최하고 국제사회와의 공조를 통해 대북 제재를 강화했다"고 자평했다.

'남북관계 개선'의 필요성을 공개적으로 천명했던 미중 정상회담 이후로 양 강대국이 한반도의 안정적 관리에 나서 잠시나마 대화 무드가 유지됐던 2011년의 성적이 '목표 달성'인 것은 그런대로 이해가 가는 대목이다. 남북 간 비핵화 회담이 열렸고 북미 양자회담도 19개

(계속)

월 만에 재개됐다. 북한에 대한 유엔 제재와 미국의 단독 제재, 각종 비확산 노력도 평점 상승에 기여했다고 보고서는 기록했다.

한편 미 국무부의 이번 '성과 자료' 보고서는 유일 초강대국 미국이 세계경영을 위한 목표 설정과 성과 평가를 어떤 방식으로 하고 있는지를 보여 준다는 점에서 또 다른 흥미를 끈다. 세계 초일류 기업들이 적용하고 있는 경영학적 기법을 행정부서들도 그대로 활용하고 있다는 점은 한국이 본받을 만한 대목이다.

보고서는 서두에 부서의 연간 목표를 경영학이 제시한 'SMART 원칙'에 따라 구체적이고(Specific), 측정가능하고(Measurable), 달성가능하고(Attainable), 관련성이 있고(Relevant), 시간범위를 정한(Time-bound) 것으로 작성했다고 밝히고 있다. 이런 기준으로 6개 전략목표를 세우고 하부 정책목표 38개를 작성한 뒤 각 정책목표마다 나중에 평가할 수 있는 구체적인 실행 목표를 미리 밝히는 방식이다.

보고서가 밝힌 전략목표(괄호 안은 정책 목표 수)는 개략적으로 ① 미국 및 국제질서에 대한 위협 차단(11), ② 민주주의적 가치 확대(11), ③ 인권 증진(1), ④ 경제 외교 통한 미국의 이익 증진(3), ⑤ 공공외교(1), ⑥ 외교 인적 조직역량 강화(11) 등으로 요약된다. 북한 비핵화는 전략목표 ①의 네 번째 정책과제로 다른 과제들과 달리 상세한 '평가 이유'가 달렸다.

미국 워싱턴에서 열린 6·25전쟁 정전 60주년 기념 행사에 참가한 참전용사들(2013. 7. 26)

행동만이 북한의 야욕을 억제할 수 있다"며 "2011년 연평도 포격 사건 때와 같은 북한의 도발이 있을 경우 몇 배로 보복하겠다는 지금의 정책을 유지해야 한다"고 강조했다.

2013년 12월, 김정은이 고모부 장성택을 처형하면서 북한 내부의 불안정성이 감지되고 박근혜 정부가 '통일 대박론'을 적극적으로 홍보하면서 미국 내 통일 논의도 더욱 진전되고 확대되었다. 장성택 실각 발표 당시 브루스 벡톨 미국 텍사스 앤젤로 주립대 교수는 "김정은 체제에서 숙청은 아버지 김정일 체제 출범 이후보다 빈번하고 강도도 높다. 잦은 숙청과 고위직 교체는 김정은의 권력이 아직 미약하다는 것을 뜻한다. 김정일 사망 이후 존재해 온 체제의 불안정을 반영한 것"이라고 해석했다.

북한의 장성택 사형 사실이 공개된 이후 미국 내 북한 전문가들이 경쟁적으로 비판의 목소리를 높였다. 그동안 북한에 보수적 견해를 가졌던 이들은 물론이고 북한체제를 이해하려고 노력했던 연구자들도 비관적인 전망 일색이었다.

미국 〈워싱턴포스트(WP)〉는 2013년 12월 15일자 오피니언 면에 '김정일의 단두대'라는 무서운 제목의 외부 기고를 게재했다. 필자인 니컬러스 에버슈타트 미국기업연구소 선임연구원은 1990년대 북한 식량난을 연구하면서 북한 1인 독재체제의 근본적인 모순을 간파한 뒤 강경한 보수적 견해를 유지해 온 연구자다. 그는 칼럼을 통해 장성택 사형으로 북한 내에서 김씨 일가와 친인척 등을 뜻하는 '로열 패밀리'가 안전하다는 공식은 사라졌다고 선언하고 막 시작된 '공포정치'가 지금까지 북한체제를 유지해 온 엘리트 집단의 응집력을 약화시킬 수 있다고 주장했다. 에버슈타트 연구원은 "권력의 정점 근처에 있는 이들은 장성택 사건을 '기상전화'로 해석할 수 있다"며 "중국에 있는 비밀계좌를 점검하고, 먼저 가야 할 다른 이들의 밀고문서를 손보고, 새롭고 더 나은 독재자를 생각하는 시간이 되었다고 생각할 것"이라고 주장했다.

빅터 차 전략국제문제연구소(CSIS) 한국실장(조지타운대 교수)도 이날 〈파이낸셜타임스(FT)〉 기고에서 "안전벨트를 단단히 매라. 앞으로 북한에서 더 놀라운 일들이 많이 벌어질 것"이라며 "김정은은 앞으로 북한을 더 강경하고 근본주의적 이데올로기 국가로 변화시킬 것"이라고 전망했다. 차 교수는 "김정은 체제하에서 단 하나 분명한 것은 북한의 불안정성"이라며 "이번 처형이 김정은의 자신감이 아니라 절망에서 나온 것이라면 앞으로 북한의 주기적 도발보다 더 위험한 결과가 기다리고 있을 수 있다"고 경고했다.

이에 앞서 중도적 성향의 북한 문제 전문가로 평가되는 로버트 칼린 전 미 국무부 정보국장은 12일 장성택 처형 사실이 알려진 직후 공개 연설에서 "내가 아는 한 전례가 없고 너무 놀라운 일"이라며 "1970년대 김정일이 삼촌인 김영주를 숙청했을 때는 적어도 피를 보지는 않았다"며 우회적으로 김정은의 조치를 비난했다. 유사한 성향의 한 연구자는 "이번 사건은 북한에 대한 미국인들의 고정관념을 더 증폭시킬 것"이라고 우려했다.

비관론은 당국자들에게 확산되면서 한반도 통일에 대한 당위론이 비등해졌다. 2014년 1월 15일자로 미국 의회조사국(CRS)이 발간한 '북한의 대미 관계, 핵 외교, 내부 상황'이라는 제목의 보고서는 "안정적인 민주정치로 한반도를 통일하는 것이 장기적이고 이상적인 목표이지만 가는 길은 위험으로 가득 차 있다"고 전망했다. 이어 "김정은 정권이 내부 또는 외부의 힘으로 무너지면 북한의 핵무기 통제를 둘러싼 경쟁이나 대량 난민 발생 등 경제와 사회에 장기적 악영향이 발생할 것"이라며 "미 정책 당국자들은 (대북정책의) 목표 성취는 말할 것도 없고 성취 가능한 목표를 규정하는 것조차 어려운 깊은 도전에 직면했다"고 우려했다.

훗날 국무부 대북정책 특별대표를 맡게 되는 성 김 주한미대사는 임기 마지막 해를 시작하며 2014년 1월 16일 〈동아일보〉의 신년 인터뷰에서 "내 임기(tenure) 동안 통일이 된다면 더할 나위 없이 좋겠지만…"이라고 한 뒤 "한국이 통일을 내다보고 준비하는 것은 대단히 현명하고 사려 깊은 일"이라고 말했다. 1년 내의 통일을 기대한다는 뜻으로 해석될 것으로 우려되자 급히 '내 생애에(in my life time)'라고 정정하기도 했다.

〈문화일보〉 보도에 따르면 시드니 사일러 신임 미국 국무부 6자회

우드로윌슨센터에서 열린 세미나에서 강연 중인
성 김 미 국무부 동아태담당부차관보
(2014. 11. 17)

빅터 차 전략국제문제연구소(CSIS) 한국석좌와
시드리 사일러 미 백악관 국가안보회의(NSC) 한반도 담당 보좌관(2014. 1. 21)

담 특사 역시 2014년 9월 4일에 "미국은 한국인 7,000만 명이 민주주의와 시장경제를 누리고 인권을 존중받는 통일 한국이 궁극적 목표임을 분명히 인식하고 있다"고 밝혔다. 그는 전략국제문제연구소(CSIS)에서 '새로운 시대의 통일 한국(Korean Unification in a New Era)'을 주제로 열린 콘퍼런스 오찬강연에서 "우리의 노력은 결코 38선에서 멈추려는 것이 아니다"라면서 "박 대통령이 드레스덴 연설에서 밝힌 평화적 통일의 조건과 기반을 만들어 나가기 위한 전략과 행동이 필요하다"고 강조했다.

그러나 문제는 실천이었다. 한국에 의한 북한 흡수통일이 북핵 문제 해결의 유일한 대안이라고 말하던 미 당국자들은 통일을 위해 미국이 무언가를 해야 한다는 한국인들의 희망 앞에서는 고개를 저었다.

이 장의 처음에서 소개한 당국자는 한국 특파원이 "미국이 그런 상황(한국이 주도하는 한반도 통일)을 만들겠다는 뜻인가"라고 추가 질문하자 이렇게 말을 돌렸다.

"그 점에 대해 명확하게 해야 할 것 같다. 미국이 세계를 통제하지는 않는다. 미국이 힘이 있고 큰 나라인 것은 사실이다. 하지만 2차 대전 당시처럼 전 세계 절반의 상품과 서비스를 생산하던 시대는 이제 갔다. 지금은 다른 행위자들이 있다. 국방장관이 어제 아프가니스탄에 대해 말했지만 세계는 그리 간단하지 않다. 그렇게 쉽지 않다. 그것이 외교가 중요한 이유다."

그는 이어 "우리는 (문제를 해결할) 방법을 찾을 필요가 있다. 책임감을 가지고 있다. 한국은 경제 대국이고 큰 책임을 져야 한다. 다시 질문으로 돌아가자"며 통일을 위해 한국이 주도적으로 나서야 한다고 말을 이어 나갔다.

워싱턴 특파원 생활을 마칠 무렵인 2015년에 기자와 만난 다른 당국자 B는 "한반도가 통일되기 위해서는 막강한 능력을 자랑하는 미 중앙정보국(CIA)이 나서서 공작이라도 해야 하는 것이 아니냐"는 질문에 "북한의 후견국인 중국이 버티고 있기 때문에 그런 위험한 행동을 할 수가 없다"고 선을 그었다. 중국을 설득해 북한의 변화를 추진해야 하는데, 대북 공작으로 중국과의 관계가 틀어지면 안 된다는 것이었다.

이런 상황이 계속되면서 북한이 2003년 2월에 3차 핵실험을 단행한 뒤 높아졌던 미국의 대북 문제 관심은 2014년으로 접어들면서 줄어들기 시작했다. 여기저기서 미국과 일본이 북핵을 용인하는 것 아니냐는 우려가 나오기 시작했다.

특히 2014년 5월 29일 북한이 일본인 납치 피해자 문제 해결에 협조하고 일본이 단독 대북 제재를 철회하겠다고 전격 발표하자 미국 워싱턴 소식통들은 "일본이 풀어 주기로 한 제재는 가벼운 것들이고 언제든지 되돌릴 수 있는 것"이라며 애써 의미를 축소했다. 하지만 당시 합의는 북한의 대외적 고립에 숨통을 틔워 준다는 것 이상의 의미가 있었다. 2012년 미국과의 2·29합의가 생전에 김정일이 만들어 놓은 작품인 점을 감안하면 김정은이 거둔 사실상 첫 외교적 성과였던 것이다. '북핵 불용'을 외치며 다져 온 한미일 3각 공조의 단일대오에 균열이 나타나기 시작한 것이다. 아베 신조(安倍晋三) 총리의 의도는 북한 비핵화를 위한 국제사회의 노력이 지지부진한 상황, 대화로도 제재로도 북한의 핵·미사일 개발을 막을 수 없을 것 같은 상황에서 납북자 문제라도 따로 떼어 해결하겠다는 것으로 읽혔다.

당시 미국 내 군 당국자들과 의회, 언론 등이 모두 나서 자국의 미사일방어(MD)체제에 한국을 편입시키려는 압박을 공개적으로 하는 것에 대해서도 북한의 핵 보유를 저지하기 어려운 상황이 됐다는 현실적인 판단에 따른 것이라는 해석이 나왔다. 미국의 한반도 전문가와 당국자들은 한국 기자들이 "북한을 저대로 놔뒀다가 끝내 핵·미사일을 가지게 되면 도대체 어쩔 셈이냐"고 질문하면 서슴없이 "그래서 MD를 하자는 것 아니냐"고 말하곤 했다. 당시 워싱턴을 방문해 미국 측 인사들을 만난 한국의 북한 연구자는 이런 분위기를 간파하고 "평생 북한을 공부한 것이 후회스럽다. 이젠 핵을 가진 북한과 살아가는 지혜를 연구해야 할 판"이라며 울분을 토했다.

오바마 행정부가 북핵 해결의 실마리를 잡지 못한 채 8년의 임기를 끝낼 것이 확실해지면서 이젠 당국자들도 비슷한 인식을 공개적인 자리에서 표명하기 시작했다. 제임스 클래퍼 미국 국가정보국장(DNI)은 2014년 10월 25일 뉴욕에서 열린 미 외교협회(CFR) 주최 세미나에서 북한의 비핵화 가능성이 사실상 없는 만큼 핵 폐기가 아닌 동결로 북핵 정책의 목표를 낮춰 잡아야 한다며 북한 비핵화라는 오바마 정부 방침과는 다른 이야기를 했다.

클래퍼 국장은 이날 "북한을 비핵화하겠다는 생각은 아마도 '가능성이 없는 것(lost cause)'이다. 핵무기는 그들의 '생존 티켓'이기 때문"이라고 말했다. 그는 2014년 북한에 억류된 미국인 두 명의 석방을 위해 방북했던 것을 거론하며 "그들은 포위돼 있고 피해망상적 생각을 하고 있다"며 "그래서 그들의 핵무기 능력을 단념시키려는 생각은 애당초 성공 가능성이 없다. 아마도 우리가 희망할 수 있는 최선은 (북한의 핵능력에 대한) 일종의 제한(cap)"이라고 말했다. 이는 2013년 2월 북한의 3차 핵실험 이후 머리로만 고민해 왔던 '북한 비핵화 회의론'을 공개적으로 드러낸 것으로 보인다.

현지에서 만난 미국 내 대화파들 역시 북미 대화가 단절된 상황에 대해 답답함을 토로했다. 1994년 제네바 합의의 주역이었던 로버트 갈루치 전 북핵특사와 조지프 디트라니 전 6자회담 미국 측 차석대표, 리언 시걸 미 사회과학연구위원회 동북아안보협력 프로젝트 국장 등은 당시에도 1년에 두세 차례 열렸던 북미 간 1.5트랙 대화에

1994년 제네바 합의의 주역이었던
로버트 갈루치 전 북핵특사(2014. 9. 25)

조지프 디트라니 전 6자회담
미국 측 차석대표(2015. 2. 10)

단골로 참석했다. 이들에게는 과거 북미대화의 경험을 토대로 북한에 대해 많은 것을 알고 있다는 공통점과, 북한 문제는 어쩔 수 없는 것으로 외교와 대화로 풀어야 한다는 강한 신념을 가지고 있다는 공통점이 있었다. 이른바 미국 내 대북 대화파 내지는 비둘기파인 셈이었다.

2014년 9월 25일 워싱턴 조지타운대 교수실에서 직접 만난 갈루치 전 특사는 20년 전인 1994년 10월 북미 제네바 합의를 이끌어 낼 당시를 잊지 못하고 있었다. 그는 "(20년 전) 북한 측 협상 대표였던 강석주 노동당 국제담당 비서를 지금 다시 만난다면 '어떻게 하면 다시 협상이 진행되도록 할 수 있을까'를 함께 논의할 것"이라며 대화의 필요성을 재차 강조했다. 이어 "(북미 대화가 교착상태에 빠진) 최근 상황은 매우 실망스럽다"며 "미국은 북한에 진정성을 요구하고 있지만 나는 실용적이어서 진정성보다는 '좋은 협상(good deal)'이

스티븐 보즈워스 전 대북정책 특별대표
© 동아일보 자료사진

중요하다고 본다"라고 말했다.

그는 "20년이 지난 지금도 대화를 통해 북한의 비핵화를 이뤄 낼 수 있다고 믿느냐"는 기자의 첫 질문에 "대답은 '아마도(maybe)'일 것이다. 지난해(2013년) 9월 스티븐 보즈워스 전 대북정책 특별대표와 함께 독일 베를린에 가서 북측 인사들을 만났을 때 내가 '핵을 포기할 수 있느냐'고 물었더니 그들의 대답도 '아마도'였다"라고 대답했다.

인터뷰 당시엔 강석주도 보즈워스 대사도 고인이 된 상태였다. 그 해 5월 사망한 강석주보다 넉 달 이른 1월에 별세한 보즈워스 전 대표도 갈루치 전 특사에 버금하는 무게 있는 대화파였다. 2013년부터 사망 당시까지 여러 차례 만났던 그는 어느 자리에서나 '어렵지만 북한과 대화해야 하는 이유'를 설파하곤 했다.

고인은 사망 전 〈동아일보〉에 칼럼을 썼다. 첫 회인 2014년 4월 19일자에는 "생각하기에 고통스럽고 동의하기 어렵겠지만 우리에게는 평양에 대한 간여(engage)를 다시 시작해 핵무기 프로그램을 제거할 수 없다면 동결이라도 할 수 있는 당근과 채찍의 배합을 찾는 노력을 하는 것 외에 대안이 없는 것으로 보인다"고 적었다. 만날 때마다 기자의 눈을 들여다보며 혼잣말처럼 되뇌던 내용이었다.

말이 적고 입이 무거운 보즈워스 전 대표와는 달리 디트라니 전 차석대사는 비밀회동에서 파악한 북측 인사들의 주장을 외부에 알리는 데 노력을 아끼지 않았다. 2015년 1월 18일과 19일 싱가포르에서 당시 북핵 6자회담 수석대였던 이용호 북한 외무성 부상(현 외무상)을 만나고 돌아온 그는 다음달 10일 한국 기자들과 만나 "북한이 한미 합동 군사연습 중단의 대가로 핵실험 유예와 함께 핵탄두 소형화 노력의 중단도 함께 제안했다"고 알렸다. 북한이 미국을 향해 '핵탄두 소형화 중단'이라는 카드를 꺼낸 것이 알려지기는 당시가 처음이었다.

미국 전문가들은 국제사회가 바라는 것이 무엇인지를 북한 측에 타이르는 정보 전달자의 역할도 한다고 믿는 것 같았다. 디트라니 전 차석대사는 싱가포르 회동에서 "북한이 미국과 대화하려면 적어도 2005년 9·19공동성명을 이행해 포괄적이고 검증 가능한 비핵화에 나설 의향이 있다는 점을 밝혀야 한다고 타일렀다"며 "대화에 필요한 신뢰를 쌓기 위해 한국과는 이산가족 상봉을 위해, 일본과는 납치자 문제를 해결하기 위해 양자 간 대화하라고 촉구했다"라고 말했다.

2005년 9·19공동성명 당시 미국의 대북협상 특사를 맡았고 오바마 대통령 취임 이후 일관되게 북한과의 대화가 필요하다고 강조해왔던 그는 "지난 20여 년 동안 미국은 북한과의 비핵화 대화에 실패했고 미국 내에는 아무도 북한이 핵을 포기할 것이라고 믿지 않는 북한 피로감(fatigue)이 만연해 있다"고 답답해했다.

이들은 오바마 행정부 집권 마지막 해까지 북한과의 대화를 역설했다. 미국 대선이 한 달도 남지 않은 2016년 10월 21일 KBS 9시 뉴스에는 낯익은 미국의 북한 전문가 세 사람이 등장했다. 갈루치 전 국무부 북핵특사, 디트라니 전 차석대표, 시걸 국장이었다. 북한 한성렬 미국국장과 장일훈 유엔주재 차석대사를 만나기 위해 말레이시아 쿠알라룸푸르에 온 이들은 한국 기자의 질문에 친절하게 대답하는 등 한국 언론의 관심이 싫지 않은 듯했다. 북측도 마찬가지였다. 한 국장은 소위 '괴뢰 패당'인 한국의 기자들에게 동영상 촬영을 허용하며 여유를 부렸다. 북한체제의 특성상 한국 언론을 만나도 좋다는 사전 허락을 받고 온 것으로 보였다.

북미관계가 최악인 시점에 북한의 대미외교 책임자들과 과거 북미협상을 직접 담당했던 미국 인사들이 만난다는 것은 그 자체로 큰 뉴스거리였다. 북한이 그해 두 차례의 핵실험과 20여 차례의 미사일 발사실험을 하자 미국의 한반도 정책 책임자인 대니얼 러셀 미 국무부 동아시아태평양담당 차관보는 "김정은은 즉시 죽을 것"이라는 험한 말까지 해가며 강경하게 대응했다. 백악관 대변인과 민주당 부통령 후보가 미국의 대북 선제타격 가능성과 관련한 질문을 피해가지 않는 상황에서 모처럼 소통의 창구가 열렸던 것이다.

디트라니 전 차석대표는 회담을 마치고 미국으로 돌아간 뒤 25일 미국의소리(VOA) 방송과의 인터뷰에서 "북한이 9·19 공동성명으로 돌아갈 의지가 있는지 알아보는 데 초점을 맞춘 탐색적 대화를 나누었다"고 소개했다. 하지만 북측의 반응은 예상대로였다. 북한은 자신들을 핵보유국으로 인정하고 평화협정을 논의하자는 기존 주장을 되풀이했다고 미국 측 참석 인사들은 전했다. 북한은 또 한미 연합훈련 등에 반발하며 핵개발은 한미의 위협에 대한 억제력 확보 차원이라는 입장을 반복했다.

정부 간 대화를 대신해 미 전직 관료들과 북한 외교관들이 제3국에서 만나는 이른바 '트랙2(민간 차원)' 대화는 북한 핵개발사, 특히 북미관계사에 주기적으로 등장하는 단골 메뉴가 됐다. 미국 정부는 이들의 회동은 민간 차원의 움직임이라며 애써 그 의미를 낮추었고 그저 대화 결과를 전달받고 평양에 아무런 변화를 기대할 수 없음을 확인했다. 한국 정부 역시 북미 간 비밀 대화에 담담해졌다. 과거 북미대화의 용사들이 노익장을 과시하고 나서는 '트랙 2' 회동은 북미 당국 간 대화가 그만큼 경색돼 있음을 반증하기 때문이었다.

# 2

# 의회가 주도하는 대북정책

당시 미국 하원은 북한 문제에 강경한 공화당 의원들이 주도하고 있었다. 민주당이 장악하고 있는 상원에서도 북한에 대한 우호적인 발언이 나오지 않았다. 오바마 행정부가 2기에 들어서도 북한의 도발과 대화 제의라는 '이중 전술' 공세에 '전략적 인내'라는 초심을 잃지 않는 이유 가운데 하나는 북한의 본질을 꿰뚫어 보고 중심을 잡고 있는 의회의 역할이 컸던 것이다.

★

북한이 2013년 2월 12일 3차 핵실험을 실시한 뒤 정신없이 미국발 기사를 써야 했던 필자는 3일 뒤인 15일 재미 한인 민간단체인 한미연구소(ICAS)가 워싱턴 미 하원 청사에서 '한반도 이슈와 미국의 안보'를 주제로 개최한 심포지엄에 참석했다. 스티브 셰벗 신임 미국 하원 외교위원회 아시아·태평양소위원장(공화·오하이오)이 참석한다는 정보를 듣고 미국 의회가 북한의 도발에 대해 무슨 생각을 하고 있는지 들어 보기 위해서였다.

미 하원에서 아시아·태평양지역의 현안을 관장하는 셰벗 소위원장은 기조연설을 통해 북한의 위협을 역내 현안 가운데 가장 먼저 언급했다. 그는 청중에게 "북한이 핵무기로 뉴욕을 공격하는 기괴한 유튜브 동영상을 봤느냐"며 "지난해 말 장거리 로켓 발사와 최근 핵

스티브 셰벗 신임 미국 하원 외교위원회 아시아·태평양소위원장 (2013. 2. 15)

실험은 북한이 핵무기로 미국과 한국, 역내 국가와 세계를 위협하는 능력을 계속 추구하고 있다는 신호"라며 북한을 강력하게 비난했다.

이어 "북한의 잇따른 도발은 효과 없는 제재와 빈말뿐인 경고로 일관한 오바마 1기 행정부의 대북정책이 실패했음을 보여 주는 증거"라며 "존 케리 국무장관, 앞으로 새로 국방장관을 맡을 사람에게 당근과 채찍을 반복하는 과거의 실패한 정책을 되풀이하지 말고 새로운 대북전략을 개발하라고 촉구한다"고 말했다. 문제는 그가 거기까지만 말하고 박수를 받은 뒤 회의장을 나가버렸다는 것이었다. 필자는 냉큼 그를 쫓아 나갔다.

이미 입장할 때 인사를 하고 명함을 건넨 사이였기 때문에 셰벗 소위원장은 "한국에서 막 온 기자인데 한 가지만 물어보겠다"는 필자의 요청에 응했다. 필자는 "미 행정부에 새로운 대북정책을 촉구한다고 했는데 구체적으로 어떤 내용을 주문할 것이냐"라고 물었다. 그는 마치 기다렸다는 듯 "북한에 대한 제재를 더 강하게(tougher) 하고 중국이 북한 핵과 미사일 문제에 더 주의(attention)를 갖도록 촉구해야 한다"라고 말했다.

그는 이어 "(북한이 핵·미사일 프로그램 개발을 계속하는 것은) 그동안 대북 제재의 실효성이 떨어졌고 중국의 노력이 약했기 때문이다. 북한의 지속적인 핵과 미사일 개발 노력으로 한국과 일본 등 주변국은 당연히 북한의 핵미사일 공격에 대비한 방어능력을 키우고 싶어하며 이는 중국이 좋아할 수 없는 상황이다. 동맹국들의 이런 상황을 미국이 정치적 지렛대로 삼아 중국에 마땅한 노력을 하도록 촉구해야 한다"고 말했다.

세벗 소위원장의 주문은 두 가지였지만 사실상 하나를 더 포함하고 있었다. 오바마 행정부는 섣불리 북한과의 대화에 나서지 말라는 것이었다. 독자들이 기억하는 것처럼 그의 주문 세 가지는 이후 오바마 2기와 트럼프 행정부의 대북정책으로 현실화됐다.

우선 미국이 주도하는 유엔 안전보장이사회는 그해 3월 7일 오전, 북한에 대한 제재를 대폭 강화하는 내용의 결의안 2094호를 채택했다. 이 결의는 중국을 포함한 15개 이사국의 만장일치로 10분 만에 통과됐다. 특히 안보리는 북한이 추가 도발을 하면 더 중대한 조치를 할 것이라고 강력하게 경고했다.

미국의 독자적 대북 제재도 이어졌다. 특히 미국 재무부는 그해 3월 11일 대통령 행정명령 13382호를 발동하고 '조선무역은행(FTB)과 백세봉 제2경제위원장이 탄도미사일 및 대량살상무기(WMD) 개발에 연루된 의혹을 받고 있다'며 제재 대상에 포함시켰다. 북한의 대외

결재은행인 FTB를 제재하겠다는 것은 합법과 불법을 막론하고 북한으로 들어가는 달러를 막겠다는 강력한 의지의 표현이었다.

필자는 당시 한미일 동맹이 중국을 움직여 북한을 변화시켜야 한다는 오래된 주장을 실현 가능성이 적은 일종의 '희망사항'이라고 생각했다. 그래서 당시 셔벗 의원의 두 번째 주장에 대해서는 그다지 큰 기대를 하지 않았다. 하지만 미 행정부는 중국을 상대로 더 강력한 대북 억제 역할을 해달라고 요구하는 것도 실천에 옮겼다.

그해 3월 4일 점심을 겸한 인터뷰에 응한 크리스토퍼 넬슨(아시아 지역 현안에 초점을 맞춘 미국의 외교정책과 국제소식을 전하는 워싱턴의 대표적인 정보지 〈넬슨 리포트〉의 편집장)은 "북한의 3차 핵실험 이후에 미 행정부의 대북정책이 어떻게 전개되고 있느냐"는 질문에 "미국은 중국 정부와의 당국 간 대화는 물론이고 민간 싱크탱크 등을 통해서 북한을 감싸는 것이 중국에 도움이 되지 않는다고 설득하고 있다"라고 전했다.

〈넬슨 리포트〉의 크리스토퍼 넬슨 편집장
(2013. 3. 4)

그는 "중국 지도부 내에서 북한을 지금처럼 맹목적으로 감싸는 것이 과연 옳은지를 놓고 진지한 논의가 벌어지고 있는 것은 사실이다. 미국이 할 수 있는 일은 중국 내에서 그런 논의가 확산되도록 하는 것"이라며 워싱턴 정가의 분위기를 전했다. 기자 출신인 넬슨 편집장은 1974년 미국 하원 민주당 출신 의원실 홍보 담당으로 의회에 발을 들여 놓은 뒤 1977년부터 1983년까지 상하원 외교위원회의 아시아태평양소위원회 스태프로 일하며 의회 내 인맥을 두텁게 쌓은 인물이다.

이후 익명의 국무부 관리들이 사석에서 '중국 역할론'을 강조하더니 급기야 오바마 대통령까지 나섰다. 그해 3월 13일 ABC 방송과의 인터뷰에서 "중국은 역사적으로 북한 정권의 붕괴와 그것의 파급효과를 우려해 북한의 비행을 계속 참아 왔다"며 "하지만 지금은 (중국의) 계산이 바뀌고 있어 고무적"이라고 말했다. 당시 중국 지도부가 북한에 대해 비판적인 발언을 쏟아 내는 상황을 긍정적이라고 평가한 것이다.

필자의 취재기를 장황하게 늘어놓은 이유는 북한 3차 핵실험 이후 미국의 대북정책 형성과정은 셰벗 소위원장이 전한 미국 의회 내 의견이 현실화되는 과정이었다는 단순한 주장을 입증하기 위해서다. 미 의회가 직접 대북정책을 입안하지는 않는다. 그것은 대통령과 국무부를 중심으로 한 행정부의 역할이기 때문이다. 하지만 민주주의 국가인 미국에서 국민을 대표하는 의회는 이처럼 다양한 공론화의 장을 만들어 행정부에 정책 입안을 요구하고 방향을 제시하고 점검하며 국민에게 알 기회를 주고자 한다.

시도 때도 없이 열리는 청문회는 가장 중요한 공론화의 장이다. 민감한 대외정책에 대해 일절 함구하는 행정부 관리들도 의회 청문회장에 나오면 각종 사안에 대한 현재 상황과 판단, 앞으로의 정책 대안에 대해 술술 이야기한다. 백악관과 국무부 등도 거의 매일 브리핑을 하지만, 실제로 중요한 고비마다 미국의 대북정책이 단편적이 아니라 어느 정도 이론화된 형태로 외부에 공개되는 장소는 청문회장인 것 같다.

3월 7일 오전, 미 상원 외교위원회가 개최한 청문회가 대표적인 경우였다. 증인으로 나온 글린 데이비스 미국 대북정책 특별대표는 이제까지 단편적으로 공개됐던 오바마 행정부 2기의 대북정책을 일목요연하게 정리해 보고했다. 골자는 △ 중국의 협조가 절실하며 이를 위해 중국과 깊게 관여하고 있다. △ 동맹국인 한국과 일본에 핵우산과 통상병기, 미사일 방어(MD) 시스템을 통한 '확장억제(extended deterrence)'를 제공하고 재확인한다. △ 북한을 핵보유국가로 인정하지 않는다. △ 북한과 대화를 위한 대화를 하지 않는다로 요약된다.

박근혜 정부가 개성공단 문제를 놓고 북한에 대화를 제의한 뒤, 한중일 3국을 방문해 북한에 대화 제의를 했던 존 케리 미 국무장관이 진의를 놓고 벌어진 논란을 정리한 곳도 바로 이 의회 청문회장이었다.

그는 4월 17일 하원 외교위원회 2014 회계연도(2013년 10월~2014년 9월) 예산안 청문회에 출석해 "북한 비핵화 조치를 위한 굳은 관념

상원 청문회 증언 후 기자들에 둘러싸인
글린 데이비스 미국 대북정책 특별대표
(2013. 3. 7)

미 의회 청문회에서 북한과 대북정책에 대해 증언하고 있는
글린 데이비스 미국 대북정책 특별대표와 로버트 킹 인권특사(2014. 7. 30)

이 없다면 우리는 보상하지도 않을 것이고 협상테이블에 나가지도 않을 것이며 식량 지원 협상도 하지 않을 것"이라고 잘라 말했다. 그는 "다시 한 번 분명하게 밝히면 국무장관인 나나, (버락 오바마) 대통령이나 똑같은 거래를 되풀이하고 과거의 전철을 밟을 생각은 절대 없다. 러시아나 중국, 한국, 일본, 미국 모두의 정책은 비핵화"라고 강조했다. 그는 이날 북한 비핵화를 위해 중국의 협조를 최대한 이끌어 낸다는 미 행정부의 정책기조를 다시 확인하면서 "중국이 없으면 북한은 붕괴할 것이라고 말하는 게 꽤 적절하다고 본다"며 중국과 북한을 동시에 겨냥했다.

그는 다음날 상원 외교위원회 청문회에 나와서는 북한이 대화의 조건으로 내건 유엔 제재 철회 등에 대해 "수용할 수 없다"고 선을 그으면서도 "북한이 협상에 대해 처음 언급한 것"이라며 "(협상을 위한) 첫 수(beginning gambit)로 볼 준비가 돼 있다"고 여지를 남겼다. 북한의 태도 여하에 따라 대화에 나설 수 있음을 언급한 것이었다.

이처럼 미국 대북정책 형성에 의회의 역할이 크다는 주장이 한국의 대북정책 담당 당국자들과 북한 문제를 국제적 시각에서 연구하는 전문가들에게 시사하는 바는 명확했다. 미국의 정책 방향을 예측하기 위해서는 의회 구성원들의 생각과 의견이 무엇인지를 파악하는 게 중요하며 의회를 공부하고 연구할 필요가 있다는 것이었다. 어떤 이들이 의회의 오피니언을 주도하고 있는지, 이들이 어떤 통로로 어떤 정보를 얻고 있는지 파악하고 부단히 접촉할 필요가 있었다. 나아가 의회를 통해 미국의 정책을 움직일 방법은 무엇인지 등을 고민해야 했다.

역설적으로 이 조언은 북한에도 그대로 적용된다. 당시 미국 하원은 북한 문제에 강경한 공화당 의원들이 주도하고 있었다. 민주당이 장악하고 있는 상원에서도 북한에 대한 우호적인 발언이 나오지 않았다. 오바마 행정부가 2기에 들어서도 북한의 도발과 대화 제의라는 '이중 전술' 공세에 '전략적 인내'라는 초심을 잃지 않는 이유 가운데 하나는 북한의 본질을 꿰뚫어 보고 중심을 잡고 있는 의회의 역할이 컸던 것이다.

미국 의회 내 대표적 친한파(親韓派)인 에드로이스 연방 하원 외교위원장은 대표적인 인물이었다. 필자는 한인유권자운동을 이끌며 의회에 발이 넓은 김동석 시민참여센터 상임이사의 소개로 2013년 12월 12일 워싱턴 하원 의사당에서 첫 인터뷰를 한 데 이어 2015년 12월 귀국할 때까지 그와 여러 차례 개인적 조우를 할 수 있었다. 2014년 1월 8일자에 보도된 〈동아일보〉 신년 인터뷰에서 그는 "다음 달 한국을 방문해 박 대통령 그리고 국회 지도자 등과 만나 한반도 관련 중요 이슈들을 논의할 예정"이라고 말했다. 그는 전년 2월 한국을 방문해 박근혜 대통령 당선자를 만나 연내 미국 방문을 건의하고 상하원 합동 연설을 성사시킨 막후 주역 중 한 사람이기도 했다. 다음은 일문일답이다.

에드 로이스 연방 하원 외교위원장과의 인터뷰(2014. 3. 26)

**1년 만에 한국을 다시 찾는다. 어떤 문제들을 논의할 예정인가.**

"우선 북한발 긴장을 어떻게 완화할지 한미 간에 긴밀한 논의가 필요한 시점이다. 이어 한미 자유무역협정(FTA)의 순조로운 이행을 위해 어떤 후속조치가 필요한지 대화를 나눌 것이다."

**장성택 처형 이후 북한이 불안하다. 아시아 지도자들에게 어떤 제안을 할 생각인가.**

"주변국들이 문제의 휘발성을 줄이는 데 협력할 필요가 있다. 북한의 기괴한 행동은 지역 내 불확실성을 키우고 있고 이는 모든 국가에 이익이 아니다. 주변국들은 북한이 돌발행동을 하지 않도록 압력을 넣고 설득해야 한다."

**장성택 처형 사건은 북한의 열악한 인권 수준을 드러냈다.**

"북한 인권 문제, 중국이 유엔난민기구(UNHCR)와 이 문제에 협력하는 문제 등도 논의 대상이다. 북한이 (보편적인 인권 보호를 규정한) 유엔 헌장을 위반하지 않도록 중국이 북한에 압력을 넣도록 해야 한다. 특히 정치범수용소 등에서의 인권 침해 문제는 너무 심각해서 국제사회의 협력이 필요하다."

**북한의 궁극적인 변화를 위해 미국과 한국이 어떤 구체적인 작업을 해야 하나.**

"전체주의 국가의 태도를 바꾸는 가장 좋은 정책은 정보의 유입이다. 자유유럽방송(RFE)이 동유럽으로 방송을 내보내 정치적 다원주의와 관용, 자유와 번영에 대한 정보를 주고 그들의 관점을 바꿀 수 있도록 했다. 북한에 대해서는 자유아시아방송(RFA)이 그 역할을 하고 있다."

**북한에도 외부 정보 유입을 통한 변화를 기대할 수 있다고 보나.**

"그렇다. 한국 드라마가 북한에서 정말 유행한다고 한다. 북한 주민들은 한국 드라마를 통해 한국과 바깥세상을 알 수 있다. 라디오나 DVD를 이용한 정보 수집 과정에서 북한의 태도가 바뀔 수 있다."

**평소 버락 오바마 행정부가 북한에 대한 경제 제재를 더 강화해야 한다고 주장해 왔는데….**

"대북 제재 강화는 올해 베이징(北京)에 갈 때 내가 제기할 중요한 이슈 중 하나다. 경제 제재 강화와 동시에 북한에 방송을 하고 어린 세대들이 과거 러시아와 체코, 폴란드의 청년들처럼 새로운 방향, 새로운 길로 나가도록 해야 한다."

**중국이 지난해 말 동중국해에 방공식별구역(ADIZ)을 선포해 영해 확장 속내를 드러냈다.**

"중국의 일방적인 ADIZ 선포는 1983년 알래스카 상공에서 대한항공 민항기가 소련에 격추된 것과 같은 우발적인 사고 가능성을 높인다. 중국은 일방적이어서는 안 되고 외교적으로 문제를 해결해야 한다."

로이스 위원장은 지난 한 해 동안 아시아지역, 특히 한국과 미국 간 관계의 깊이를 더하고 친밀감을 키우는 데 집중해 왔다고 자평했다. 박 대통령의 상하원 합동 연설을 성사시키기 위한 키를 쥐고 있는 존 베이너 하원의장에게 직접 편지를 썼던 일 등 막후 비화도 소개한다.

**박 대통령의 상하원 합동연설 아이디어는 어떻게 나왔나.**

"한미 관계가 대단히 중요하다고 생각했기 때문에 박 대통령에게 그런 기회를 주는 것이 필요하다고 판단했다. 박 대통령은 아주 힘 있는 연설을 했다. 워싱턴에 이어 나의 지역구인 로스앤젤레스에서도 좋은 연설을 했다."

**한미 FTA의 성과를 현지에서 체감할 수 있나.**

"한국은 나의 지역구가 속한 캘리포니아 주의 5대 무역 파트너다. 한미 FTA는 한국과 캘리포니아 주에 큰 혜택을 주고 있다."

**한국은 민간 원자력 개발과 이용이 용이하도록 한미 원자력협정 개정을 원하고 있다.**

"믿을 수 있고 저렴한 에너지는 한국의 경제 발전에 대단히 필요하다. 민간 원자력 에너지로 한국은 에너지 비용을 줄일 수 있다. 그를 통해 한국은 경쟁력을 키우고 미국은 동맹국의 경제를 도울 수 있다. 한국은 에너지 기술에서 대단한 혁신을 이루고 있기에 비용 절감을 이룰 수 있을 것이다."

대면 인터뷰를 한 날 마침 하원에서는 예정에 없던 2014 회계연도(2013년 10월~2014년 9월) 연방정부 예산안 표결을 위한 본회의가 열렸다. 그는 기자를 자신의 사무실이 아닌 본회의장 바로 옆 H217룸으로 초대했다. 인터뷰 도중 두 차례나 본회의장에 들어가 투표를 하고 다시 돌아오는 등 정신없이 바쁜 모습이었다. 로이스 위원장은 시간을 쪼개서 한국에 대한 애정과 고민을 한마디라도 더 말해 주려고 노력하여 11선 중견 의원의 품격을 느끼게 해 주었다.

로이스 위원장은 그해 11월, 하원 의원 12선에 성공한 데 이어 2016년에는 13선도 달성했다. 김동석 상임이사는 "세계 최강대국 미국의 하원에서 외교 문제 전반을 맡으면서 한반도에 깊은 관심을 가지고 있는 그의 당선을 위해 벌써부터 많은 한인 유권자가 지지 운동을 벌이고 있다"고 전했다. 로이스 위원장은 의회 내 지한파 의원들의 모임인 '코리아 코커스' 전 공동의장을 맡는 등 한미 의회교류 확대에도 힘을 써 왔다. 독실한 가톨릭 신자로 4남매의 아버지이기도 하다.

**특파원 칼럼 2014/8/11 낡아 부스러지는 미 의회 도서관 북 문서들**

7월 15일과 8월 5일 두 차례 미국 워싱턴 의회도서관을 방문했을 때 아시아 서고에서 20년 가까이 일해 온 재미교포인 소냐 리 수석사서가 6·25전쟁 전후 북한 희귀 자료 여러 점을 들고 나와 친절하게 소개해 주었다.

북한 건국 전인 1947년 2월 28일 발행된 조선노동당 중앙위원회 기관 잡지 〈근로자〉 3·4호에 실린 당시 소련파의 거물 허가이(許哥而)가 쓴 '당 정치사업에 대한 제 과업'이라는 글이 눈에 들어왔다. 제3차 중앙위원회 보고문을 전제한 것이었다. 건국 직후인 1948년 11월 20일 발행된 잡지 〈인민〉은 처음부터 끝까지 소련을 찬양하는 특집호였다.

6·25전쟁 직전인 1949년 10월 발행된 여성잡지 〈조선여성〉 역시 일반 여성들에게 소련의 고마움을 세뇌시키는 내용이었다. 전쟁 중인 1952년 문화선전성이 펴낸 〈선동원 수첩〉은 이오시프 스탈린 소련

(계속)

공산당 서기장과 김일성 주석이 주고받은 편지로 시작한다. 소련이 군량미를 지원했고 북한은 감사를 표시했다는 내용이었다.

입만 열면 미국을 제국주의라고 비난하고 남한을 식민지라고 떠드는 북한이 '소련 제국주의'의 힘으로 탄생했고 동족을 향해 총부리를 겨누는 비극적인 역사를 그대로 보여 주는 사료였다. 도서관에는 1950년에 출판된 〈학습재료〉 1호 등 탄생 초기 북한 정권의 생각과 움직임을 생생하게 확인할 수 있는 '공간문헌'들이 즐비했다.

리 사서는 "이 자료들은 현재 북한에도 없을 가능성이 크다"고 말했다. 문서들은 6·25전쟁 당시 한반도 북반부에 진주했던 미군이 노획해 온 것으로 추정되었다. 전쟁 통에 평양 등의 도서관과 문서창고는 불에 탔고 당시 북한 정권도 역사 자료 보관을 위한 별다른 대책을 마련해 둘 정도로 여유가 있었을 것으로 보이지 않았기 때문이다.

하지만 미군의 손에 들려 화마를 피한 이들 자료도 60여 년의 세월이 흐르면서 '보존의 문제'에 봉착했다. 누런 갱지들은 제대로 묶여 있는 것이 없었고 일부 낱장은 마르고 해어져 타고 남은 신문지처럼 부서질까 걱정될 정도였다. 그 위에 적힌 글씨 역시 희끗희끗 사라져 해독이 쉽지 않은 부분들이 곳곳에 눈에 띄었다.

도서관 측은 문서들을 두꺼운 종이 파일로 싸고 다시 서류봉투 속에 넣어 훼손을 늦추려고 노력하고 있었지만 근본적인 대책은 아닌 듯했다. 리 사서는 "더 늦기 전에 문서들을 전산화해 전 세계 북한

(계속)

자료 네트워크에 올려 북한 연구자들이 공유하도록 하는 것이 궁극적인 해법"이라고 말했다.

이렇게 되면 자료의 보존 문제가 근본적으로 해결될 뿐더러 전 세계 북한 연구자들이 워싱턴까지 방문해 자료를 찾아 복사하는 번거로움과 비용, 이 과정에서 낡은 자료를 더욱 훼손시키는 악순환이 사라질 것이 분명했다.

하지만 문제는 누가 이 사업에 돈을 쓰느냐에 있다. 2012년에 5개 대륙의 북한 연구자 36명이 청원까지 했지만 연방정부 재정적자로 예산 줄이기에 나선 의회는 여력이 없는 상태다. 버락 오바마 행정부의 외교정책에서 대북정책의 우선순위가 크게 뒤로 밀려난 것처럼, 미국인들이 북한 자료에 돈을 쓸 것 같지 않다.

8일 1차 회의를 연 통일준비위원회가 지금까지처럼 통일 이후의 장밋빛 청사진 보여 주기에서 나아가 실질적이고 구체적인 사업들을 추진해 나갈 각오라면 전 세계에 흩어진 북한 사료 모으기 사업에도 관심을 가져 주면 좋겠다. 통일이 되면 한반도 북쪽에 존재했던 '조선민주주의인민공화국' 역사를 다시 써야 할 책임도 우리 손에 있기 때문이다.

**특파원 칼럼 2013/3/27** **미국 하원 '직장'이 놀고 있는 이유**

미국에서 하원의 권위를 상징하는 '직장(職杖·Mace)'은 여러 용도로 쓰인다. 46인치(약 116cm) 길이 봉에 둥근 머리와 독수리 형상의 은 장식이 붙어 있는 이 직장이 의장석 오른쪽의 대리석 댓돌 위에 세워지면 하원 회기가 개시돼 의정활동이 진행되고 있다는 뜻이라고 한다.

직장은 의사당 내 질서 유지에도 활용된다. 의사 진행 도중 의원들 사이에 폭력행위나 말싸움 등 소란이 발생하면 하원의장은 경위권을 발동한다. 그러면 경위장이 이 직장을 들고 본회의장을 돌아다니며 수습에 나선다. 직장을 든 경위장의 말을 듣지 않는 의원은 바깥으로 끌려 나가는 수모를 겪는다.

위키피디아에 따르면 직장이 의사당 내 질서 유지를 위해 가장 최근에 사용된 것은 1994년 7월이다. 이후 20년 가까이 하원 의사당 내에서는 폭력행위 등 소란이 발생하지 않았다는 뜻이다.

기자가 지난해 12월 워싱턴 특파원에 부임한 뒤 11개월 동안 미국 의회 내에서 의원들의 몸싸움과 같은 불미스러운 일이 벌어졌다는 뉴스를 본 적이 없다. 건강보험개혁안(오바마케어)을 둘러싸고 9월 20일부터 지난달 16일까지 행정부와 상하원, 민주·공화 양당이 첨예하게 대립했던 이번 '재정 파동' 때도 마찬가지였다.

연방정부의 기능을 16일 동안이나 정지시키고 세계 최강대국 미국을

(계속)

국가부도 직전까지 몰아넣는 극도의 정쟁 속에서도 의회 내에서 물리적 충돌이 없는 비결은 뭘까. 매너와 절차를 강조하는 신사도 문화 덕분일까. 현역 국회의원도 현행법을 어기면 그 자리에서 수갑을 채워 잡아가는 법의 엄정함 덕분일까.

이번 재정파동을 면밀히 관찰해 온 일부 워싱턴 외교 소식통은 좀 더 구조적이고 본질적인 대답을 내놓았다. 민주주의의 기본인 다수결의 원칙과 주권자인 국민의 목소리에 귀를 기울이는 여론조사 정치가 중요한 역할을 한다는 것이다.

미국 의원들도 여론이 극명하게 갈리는 사안에 대해서는 당론에 따라 투표한다는 점에서는 우리와 큰 차이가 없다. 이번에도 공화당이 다수당인 하원은 오바마케어 시행을 저지하는 예산안을 통과시키고, 민주당이 다수당인 상원은 반대 법안을 내놓고 상대방에게 던지는 '핑퐁 게임'이 여러 차례 계속됐다.

하지만 하원의 어떤 민주당 의원도, 상원의 어떤 공화당 의원도 합법적 의사진행 방해(필리버스터)가 아닌 물리적 힘으로 다수당의 법안 처리를 방해하지는 않았다. 주권자인 국민들이 지난해 11월 총선에서 상하원의 다수당을 만들어 주었고 다수당이 다수결로 법안을 통과시킨다는데 어쩌겠느냐는 분위기가 지배적이었다.

실제로 연방정부 잠정폐쇄(셧다운)가 단행되고 국가 부도 위기를 맞으면서 각종 여론조사에서 공화당에 대한 지지율이 떨어졌다. 이러

(계속)

다간 다음 선거에서 떨어지겠다고 판단한 일부 온건파 공화당 소속 의원이 민주당에 가세해 이번 재정파동은 마무리됐다.

다수당이 다수결 원칙을 실질적으로 보장받고 그에 따르는 책임을 지는 문화, 국가적 논쟁거리를 법안으로 구체화하고 투표를 반복하는 과정에 변화하는 여론의 추이를 반영하는 미국의 의회정치의 작동원리가 고스란히 드러난 사례였다.

게임의 룰이 이렇다 보니 미국 의원들은 한국에서처럼 의사당에서 최루탄 가루를 뿌리거나 전기톱으로 문을 부숴가며 법안 상정 자체를 막고 007 작전 같은 '법안 날치기' 작전을 할 필요가 없다. 우리는 언제쯤 이렇게 할 수 있을까.

# 3

# 영화 〈인터뷰〉가
# 완성시킨 독자 제재

독재자 김정은을 희화화한 영화가 미국 전역에서 상영되자, 북한은 강력 반발하며 제작사인 소니픽처스에 해킹 등 사이버 테러를 감행한다. 오바마 행정부는 이를 미국 헌법이 보장한 표현의 자유 침해로 규정하고 강력 대응에 나선다.

★

북한이 3차 핵실험을 한 2013년 2월 12일에는 대사관에서 미국 측과 접촉하는 중요 당국자와 점심 약속이 잡혀 있었다. 12시가 조금 넘어 나타난 그는 "갑자기 보고할 것이 있어서…"라며 말끝을 흐렸다. 당시는 북한이 3차 핵실험을 할 것이 확실했고 김정은이 언제 버튼을 누를지에 대해 설만 무성할 때였다. 샌드위치와 커피로 구성된 미국식 점심 식사가 끝날 무렵 이 당국자는 "오늘 내일 북한이 핵실험을 할 확률은 99%"라고 귀띔했다.

하지만 서울은 이미 자정이 넘은 시간이어서 시내판 돌판(최종 마감 후 긴급한 상황에서 만드는 신문)에 반영할 수 없었다. 채널A 속보나 동아닷컴 속보도 생각해 봤지만 혹시나 틀릴 1%의 확률 때문에 결과를 지켜보기로 했다. 그의 말대로 북한은 한국 시간으로 이날 오전 11시 58분경 함경북도 길주군 풍계리에서 핵실험을 단행했다. 서머타임(일광시간절약제) 제도가 시행 중이던 미국 시간으로는 밤 9시 58분이었다.

"석호야, 북한이 핵실험 했다."

당시 하종대 국제부장의 전화를 받은 필자는 당분간 긴긴 불면의 밤이 올 것을 직감했다. 실제로 그날 밤과 다음날 밤을 합해 이틀 동안 잠을 자지 못했다. 밤에는 기사를 쓰고 낮에는 미 국무부와 대사관을 쫓아다니는 고난의 행군이 이어졌다. 남들은 모르고 워싱턴 특파원을 해 본 사람들만 안다는 '워특의 비애'를 실감하는 며칠이었다.

미국 재무부는 북한 핵실험 후 꼭 한 달 뒤인 3월 11일 미국의 독자 제재 조치로 대통령 행정명령 13382호를 발동했다. 북한 정권의 탄도미사일 및 대량살상무기(WMD) 개발에 연루된 의혹을 받는 조선무역은행(FTB)과 백세봉 제2경제위원장을 제재 대상에 포함시키는 것이 골자였다. 미 국무부도 오극렬 국방위원회 부위원장, 박도춘 노동당 군수담당 비서, 주규창 노동당 기계공업부장 등 세 명을 제재 대상으로 지정했다.

오극렬은 공군사령관과 총참모장을 지낸 군부 원로로 대남 간첩 파견을 직접 담당하는 노동당 작전부장을 지냈다. 3대 세습 권력교체기에 김정은의 핵심 실세로 떠오른 장성택 노동당 행정부장 및 김영철 인민군 정찰총국장과 경제적 이권을 놓고 다퉜지만 여전히 권력 핵심부를 차지하고 있는 인물이었다. 박도춘은 핵·미사일 프로그램을 포함한 북한의 군사정책 전반을 담당하던 인물이었다. 백세봉은 '군 경제' 전반을 책임지며 자금책 역할을 해 왔다. 주규창은 핵과 미사일 제조의 기술적 책임을 맡고 있었다. 유럽연합(EU)은 이미 백세봉 등 네 명을 제재 리스트에 올려놓고 있었다. 한국 정부는 2012년 12월에 이들에 대한 제재를 미국에 요청했다.

하지만 이날 제재의 하이라이트는 단연 조선무역은행이었다. 한국의 수출입은행에 해당하는 이 은행은 내각 산하 대외무역자금의 출입 통로였다. 미국이 북한의 합법적 달러 수집까지 막아 제재효과를 극대화할 계획이 있었다는 것이 확인되는 순간이었다.

실제로 많은 전문가들이 이런 해석에 동의했다. 1장에서 소개한 미 당국자 A는 3월 12일 워싱턴 특파원단과의 간담회에서 "그건 정말 큰 것"이라고 말했다. 북한 금융기관 간부 출신인 김광진 국가안보전략연구소 선임연구원은 13일 기자와의 통화에서 "내각 산하 기관인 조선무역은행은 북한의 대외무역 자금 전반을 담당하는 곳으로 그동안 미국의 제재 리스트에 올랐던 당과 군 경제 산하 외화벌이 관련 군소 금융기관들과는 차원이 다르다"고 말했다.

당시 북한 무역의 90% 이상을 차지하고 있는 중국 기업의 상당수는 중국의 은행을 통해 조선무역은행과 거래하고 있었다. 해당 조치는 중국 은행들이 북한과의 거래를 꺼리도록 만드는 단초를 마련하는 포석이었던 것이다. 미 재무부는 11일에 미 기업과 금융기관이 조선무역은행과 거래하지 못하도록 금지하는 동시에 "우리는 '전 세계의 금융기관'들이 조선무역은행과의 거래 위험에 각별히 주의하기를 촉구한다"고 명시했다.

미국이 9·11테러를 계기로 마련한 애국법 311조를 동원해 미 금융기관이 조선무역은행과 거래하는 중국 금융기관과 거래할 수 없도록 하는 초강수 조치를 취한 것은 아니었다. 하지만 조선무역은행과 거래하는 '전 세계 금융기관'의 사실상 대부분에 해당하는 중국 은행들에게 일종의 '구두 경고'를 한 것이기는 했다. 북한 금융 제재 전문가인 장형수 한양대 교수는 "유엔의 용어 선택을 준용한다면 촉구한다(urge)는 표현은 결정한다(decide)보다는 약하지만 강조한다(underline)보다는 세다"라고 설명했다. 북한이 4, 5차 핵실험을 강행하고 조선무역은행의 대량살상무기(WMD) 관련 자금 불법 취급의 증거가 더 드러나면 언제든지 제재의 수위를 높일 수 있음을 보여 준 것이었다. 애국법 311조를 적용하면 2005년 방코델타아시아(BDA) 사례보다 더 강력한 제재가 가능하기 때문이다.

미 의회도 발 빠르게 북한 규제 법안과 결의안을 잇달아 내놨다. 미 상원 외교위원회는 핵실험 이틀 뒤인 2월 14일 로버트 메넨데스 위원장(민주·뉴저지)이 전날 발의한 '북한 내 핵 확산 및 다른 목적의 사용 금지 법안'을 통과시켰다. 법안은 미 행정부가 북한 핵개발과 미사일 프로그램, 인권 상황 악화를 막기 위해 필요한 군사적·외교적 노력을 다하도록 명시했다. 법안은 또 미 행정부가 동맹국과 공조

미주 한인단체 행사에서 연설 중인 로버트 메넨데스 미 상원 외교위원장(2014. 7. 31)

해 아시아태평양 지역 주둔 미군의 군사작전을 강화하기 위한 적절한 조치를 강구하라고 촉구했다. 유엔 안전보장이사회 결의를 위반한 것으로 의심되는 북한의 모든 관계자와 금융기관, 기업, 정부기관을 공개하는 새로운 유엔 안보리 제재를 추구하고 이행할 것도 주문했다. 유엔 회원국들이 자국민의 대북 거래에 대한 감시를 강화하고 북한의 미사일 및 핵 프로그램과 관련한 화물을 운반하거나 옮겨 싣는 것을 금지하는 조치를 취하도록 하는 내용도 담겼다.

에드 로이스 하원 외교위원장(공화·캘리포니아)도 같은 날 '북한의 의도적이고 반복적인 유엔 결의안 위반과 국제 평화 및 안정을 위협하는 끊임없는 도발, 그리고 12일 핵실험을 규탄하는 결의안'을 제출했다. 그는 두 달 뒤인 4월 26일에 북한과 거래하는 제3국의 기업, 은행, 정부를 처벌할 수 있는 북한 금융 제재 법안을 제출했다. '북한 정부에 대한 제재 실행 강화와 다른 목적에 관한 법안(HR1771)'이라는 이름이 붙은 이 법안은 이후 '대북 제재 강화법안'이라는 이름으로 불리게 된다. 로이스 위원장은 2005년 마카오 소재 방코델타아시아(BDA)의 2,500만 달러짜리 북한 계좌를 동결한 것과 같은 강력한 대북 제재안을 도입해야 한다고 주장해 왔다. 여기에 엘리엇 엥겔 외교위 간사, 스티브 셰벗 외교위 아시아태평양소위원장, 테드 포, 일리애나 로스레티넌, 브래드 셔먼, 데이나 로러배커 의원 등 여섯 명이 공동 발의자로 참여했다.

미국의 이란 제재안을 모델로 한 이 법안은 미국 법에 의해 제재를 받고 있는 북한의 정부·기업·개인과 거래하는 제3국 개인 및 기업의 미국 내 경제활동을 금지했다. 이를 통해 북한이 핵과 미사일 개발에 투입할 달러화 등 자금 확보를 어렵게 하겠다는 것이었다. 로이스 위원장은 "특정 기업체 등을 구체적으로 명시하고 있지는 않지만 북한의 주거래 대상인 중국 내 기업과 은행이 영향을 받을 수 있다"고 밝혔다. 또 북한과 무기 거래를 하는 제3국에 대해서는 미국의 원조를 중단하겠다는 조항도 포함됐다.

당시 이 법안은 공화당이 다수인 하원은 무난히 통과하겠지만 민주당이 우세한 상원에서는 수정될 가능성이 크다는 전망이 우세했다. 특히 버락 오바마 행정부가 대북 압박 수위를 높이기 위해 중국과 협력 강화를 모색하는 만큼 이 법안이 통과된다면 중국의 심기를 건드릴 소지가 있다고 AP통신은 분석했다.

실제로 이 법안은 하원에서 1년 가까이 잠을 잤다. 북한이 법안 발의 직후 적극적인 대화 공세로 돌아선 점 등도 감안됐다(북한의 대화 공세에 대해서는 8장에서 구체적으로 논의). 하지만 그 대화 공세라는 것은 시간 끌기용 위장 평화공세가 분명했다. 이에 기자는 2014년 3월 로이스 위원장실에 "대북 제재강화법안이 1년 가까이 아무런 진전 없이 잠자고 있는 이유가 무엇이냐. 조만간 법안을 진행시킬 계획이 있느냐"고 질의했다.

당시는 북한이 한미 연합군사훈련을 구실로 단거리 미사일을 발사하고 4차 핵실험 실시를 암시하는 등 추가 도발 움직임을 보이던 때였다. 이동일 북한 유엔대표부 차석대사는 24일 낮 유엔본부에서 기자회견을 열고 "미국이 북한에 '핵위협'을 계속하면 북한은 '핵 억제력'을 과시하는 추가적인 조치들을 연속적으로 취할 수밖에 없다"고 말했다. 그가 말하는 '추가적인 조치'는 함경북도 길주군 풍계리 일대에서 준비 중인 4차 핵실험으로 보였다. 이 차석대사는 "남북 고위급 대화와 이산가족 상봉이 계속되는 중에도 미국은 북한에 군사훈련 등 핵위협을 계속하고 있다"며 이같이 주장했다. 최근 잇따른 단거리 미사일 발사에 대해서는 "자위적 행동 차원에서 통상적으로 행한 훈련"이라며 미국이 한미 군사훈련 등으로 대북 압박 수위를 높이면 그에 맞서 보복조치를 할 수 있다고 위협했다.

이에 로이스 위원장은 그달 24일 이메일로 답변서를 보내왔다. 그는 "법안이 5월 외교위원회를 통과할 수 있도록 입법 작업을 본격적으로 벌여 나갈 계획"이라며 "다음 달 공식 발표를 할 것"이라고 밝혔다. 이 내용은 그대로 3월 26일자 〈동아일보〉 4면에 단독으로 보도됐다. 게리 코널리 하원 아태소위 민주당 간사(버지니아)도 20일 미주 한인들과 만나 하원 다수당인 공화당의 전략에 따라 법안이 이르면 상반기에 하원 본회의를 통과할 수 있다고 전망했다.

필자는 바로 로이스 위원장에게 단독 인터뷰를 요청했다. 천안함 폭침 4주기였던 2014년 3월 26일 오후 하원 레이번스 빌딩 사무실에서 그를 만났다. 그는 "HR1771을 통해 김정은 정권의 파산을 향한 기나긴 길을 갈 것"이라고 강조했다. 로이스 위원장은 이에 앞서 스티브 셰벗 아시아태평양소위원장이 '북한 정권의 폭정에 대한 충격적 진실'이라는 주제로 개최한 북한 인권 청문회 개막 성명에서 "HR1771은 여야 의원 130여 명의 초당적인 지지를 받고 있다"며 5월 중 처리 계획이 있음을 공식 확인시켜 주었다.

그의 사무실 한쪽 벽면은 4년 전 북한의 어뢰 공격을 받고 두 동강이 난 채 인양된 천안함의 처참한 모습, 박근혜 대통령과의 단독 회견 사진 등 한국 관련 사진들이 차지하고 있었다. 다음은 그와의 일문일답이다.

"지금 북한의 젊은 지도자 김정은의 주머니에는 돈이 별로 없다.

사무실에 천안함 폭침 사진을 붙여 둔 에드 로이스 하원 외교위원장(2014. 3. 26)

아주 취약한 상황이다. 북한제재강화법안(HR1771)은 그런 김정은이 장군들에게 나눠 줄 달러의 유입을 막자는 거다. 5월 중 이 법안을 미 하원 외교위원회와 본회의에서 통과시키는 게 목표이다."

**지난해 4월 법안을 발의한 지 1년 가까이 흘렀다. 지금 입법화에 나선 이유는….**

"그동안 하원 내 민주·공화 양당 의원들의 지지를 모았다. 최근 북한이 또다시 도발적인 말과 행동을 하고 있다. 미국이 강력한 신호를 보내는 것이 중요하다. 북한이 개혁과 비핵화에 관심이 없다는 사실을 (미국이) 깨달아야 한다. 북한 주민들이 공포와 학대 없이 사는 날을 이뤄 내야 한다."

**유엔 북한인권조사위원회(COI) 리포트 발표 직후여서 더욱 의미가 있는**

것 같다.

"그렇다. COI 리포트는 세계가 북한을 보는 방식을 변화시켰다. 이런 새로운 인식에 따른 행동이 이어지길 기대한다. 리포트는 법안 통과에도 도움을 줄 것이다. 나는 COI의 탄생에 깊이 관여했고 이번 보고서 작성 과정에서 직접 증언도 했다."

**하원에 이어 상원을 통과할 가능성은 얼마나 되나.**

"매우 높다. 로버트 메넨데스 상원 외교위원장과 긴밀한 대화를 해왔다. 김정은의 위협적인 언사 때문에 의회 내부에는 지금이 법안 통과의 가장 좋은 시점이라는 인식이 퍼져 있다."

**앞으로 어떤 절차를 거치나.**

"아태 소위에서 청문회를 열고 의원들의 이해를 넓혀 갈 것이다. 의원들이 이 문제를 잘 알고 있어 원안이 크게 수정되지 않을 것이고 압도적 표차로 통과될 것을 기대한다."

하지만 미 국무부는 법안 통과에 뒷다리를 걸었다. 향후 북한의 핵미사일 기술 진전에 따른 외교적 제재 수단을 남겨 두어야 한다는 논리가 강하다고 대사관 관계자들은 전했다. 중국의 반발과 미중 관계 악화를 걱정한 미 국무부의 요구 때문이라는 것이었다. 결국 이 법안은 '차 떼고 포 뗀' 상태로 5월 29일 가까스로 상임위를 통과했다. 최종적으로 북한과 거래하는 제3국(주로 중국) 기업과 금융기관을 미국이 제재할 수 있는 '세컨더리 보이콧' 조항들이 빠졌다. 미국 하원은 7월 28일 본회의를 열어 법안을 통과시켰다.

법안은 북한 정권의 무기 개발 및 해외 판매, 자금 세탁 및 인권 유린에 직간접적으로 관여한 개인과 단체에 의무적 또는 재량적인 제재를 가할 것을 버락 오바마 대통령에게 요구했다. 북한을 돈세탁 국가로 지정하는 방안을 검토하라고 명시했다. 제재 대상 행위에 '북한 정권의 심각한 인권 침해에 관여했거나 책임이 있는 경우'를 포함시키고 국무부에 주민 인권 유린에 관련된 북한 관리들을 제재하기 위해 블랙리스트를 작성하도록 지시하는 등 열악한 북한 인권 상황에 관심을 표명했다.

로이스 위원장은 법안의 하원 통과 직후 성명을 내고 "미국과 국제사회는 국제적으로 최악의 수준인 북한 인권 상황을 지난 20년 동안 눈감아 왔지만 이제는 행동에 나설 때"라고 지적했다. 하지만 민주당이 이끄는 상원은 이 법안의 상정을 거부했다. 법안 내용에 부정적이었던 국무부의 입김이 작용했던 것이다.

2014년 11월 중간선거에서 공화당이 상원마저 장악하며 8년 만에 여소야대 정국이 되자 법안의 상원 상정에 대한 기대가 높아졌다. 미국 워싱턴의 한반도 전문 싱크탱크인 한미경제연구소(KEI)의 도널드 만줄로 소장(전 공화당 연방 하원의원)은 4일 선거 직후 기자와의 인터뷰에서 "공화당이 이끄는 상원은 하원이 올해 초 통과시킨 HR1771을 통과시키는 데 적극적일 것"이라고 전망했다.

이런 가운데 그해 12월 일어난 북한의 소니픽처스 해킹과 영화

**영화 〈인터뷰〉 상영관을 찾은 미국인들(2014. 12. 26)**
독재자 김정은을 희화화한 영화가 미국 전역에서 상영되자, 북한은 강력 반발하며 제작사인 소니픽처스에 해킹 등 사이버 테러를 감행한다. 오바마 행정부는 이를 미국 헌법이 보장한 표현의 자유 침해로 규정하고 강력 대응에 나선다.

〈인터뷰〉 상영 저지 협박 사건은 미국의 대북 독자 제재를 강화하는 결정적인 계기를 제공했다. 의회에서의 입법이 강화되는 것과 아울러 오바마 행정부도 자체 권한인 행정명령 발동을 통해 북한 옥죄기에 본격적으로 나서게 됐다.

로이스 위원장이 주도해 하원 민주 공화 양당 의원들은 2015년 2월 기존 HR1771의 내용을 더욱 확장하고 강화한 내용을 담은 북한제재이행법안(HR757)을 발의했다. 이 법은 북한에 현금이 유입되지 못하도록 막는 것이 핵심으로 북한의 핵과 미사일, 사치품 조달, 자금세탁, 인권 유린 등에 관여한 개인과 기업을 미국 대통령이 지정해 제재하도록 대북 금융 제재를 대폭 강화하는 내용을 담고 있다. 특히 북한과 거래하는 제3국의 정부와 기업, 개인에게도 미국 정부가 제재를 가할 수 있도록 '세컨더리 보이콧'의 적용 가능성을 열어둔 점이 주목할 만하다. 대(對)이란 제재보다는 강제성이 낮지만 미국이 대북 제재의 '구멍'인 중국과의 불법 거래를 사실상 통제해 북한의 돈줄을 옥죄겠다는 의미를 가지고 있었다.

오바마 미국 대통령도 2015년 새해 벽두인 1월 2일, 북한의 핵·미사일 프로그램 개발과 인권 침해, 사이버테러 등 미래의 모든 악행(惡行)을 포괄적으로 제재할 수 있도록 고안된 새로운 행정명령을 발동시켰다. 오바마 대통령은 휴가 중 "북한의 도발적이고 안정을 저해하고 억압적인 행동과 정책들이 미국의 국가 이익과 외교정책, 경제에 지속적인 위협을 제기하고 있다"며 이같이 밝혔다. 이 명령은 과거보다 적용 범위가 크게 넓어진 것이 특징이었다. 그 당시 북한이 저지를 수 있는 모든 악행의 유형을 제재 대상에 포함시킨 것이었다.

오바마 대통령은 해당 조치가 필요한 이유를 설명하면서 소니픽처스 해킹과 함께 △ 북한의 핵·미사일 프로그램 저지를 규정한 유엔 안전보장이사회 결의안 위반 △ 심각한 인권 남용 등의 세 가지를 구체적으로 적시했다. 행정명령은 1조에 제재의 대상을 구체적으로 나열하면서 "북한 정부와 조선노동당의 조직과 산하 기관 및 이들 기관의 관리들"이라고 못박았다. 이성윤 미국 터프츠대 플레처스쿨 교수는 "앞으로 미국 정부가 임의로 또는 필요에 따라서 김정은을 포함한 모든 북한 고위관료의 해외자산을 동결시키겠다는 의지를 표명한 것"이라고 평가했다.

새 행정명령에 따라 미 국무부와 재무부가 첫 제재 대상이라고 발표한 세 개 조직과 개인 10명은 이미 미국의 제재 리스트에 올라 있는 상태로 제재의 실효성보다는 상징성을 부각하기 위해 선정됐다는 평가가 많았다. 재무부는 북한의 대남 기구인 정찰총국을 제재 대상으로 지정하면서 "북한의 많은 사이버 작전이 이곳을 통해 이뤄진다"고 밝혀 정찰총국이 소니픽처스 해킹 사건의 배후라는 세계 전문가들의 추정을 확인했다. 이어 제재 리스트에 오른 조선광업개발무역회사와 조선단군무역회사, 소속 관계자 10명은 과거 대량살상무기(WMD) 확산 거래와 관련된 이들이었다.

스캇 스나이더 미국 외교협회(CFR) 한반도 담당 선임 연구원은

"이번 조치는 북한에 대한 미국의 더욱 가혹한 접근법을 알리는 신호"라며 "북한의 핵·미사일 개발에 반대한다는 명백한 메시지를 보낸 것이고 계속 미국을 위협하는 행동을 할 경우 좋지 않은 결과가 올 것임을 경고하는 것"이라고 해석했다.

실효성에 대한 논란도 없지는 않았다. 조엘 위트 38노스 편집자(전 미국 국무부 북한분석관)는 "제한적인 제재는 미국 대북정책의 연장선에 있으며 북한에 대해 가끔씩 반응하는 이 같은 접근법은 점증하는 북한의 핵개발 위협을 저지하는 효과가 적은 것으로 나타났다"고 지적했다. 하지만 북한을 테러지원국으로 재지정하는 방안을 검토하겠다는 발언에 이어 나온 해당 조치는 오바마 대통령이 남은 임기 2년 동안 북한에 대해 유화나 양보는 없을 것이라는 점을 명확히 한 것으로 풀이됐다. 워싱턴 외교 소식통은 "이번 조치에 대해 북한이 어떻게 대응하느냐에 따라 향후 북미관계 향배가 달려 있다"고 전망했다.

미국 내 전문가들은 다양한 해석을 내놓았다. 데이비드 스트라우브 미국 스탠퍼드대 아시아태평양연구소 부소장(전 미 국무부 한국과장)도 "오바마 행정부가 2012년 2·13합의 실패 이후 지속해 온 정책의 연속이며 강화"라며 "북한이 한국을 공격하거나 미국에 대해 사이버 공격 등을 할수록 미국의 북한에 대한 이미지와 신뢰도는 떨어질 것이며 미국 정부는 평양에 대한 압박을 강화할 것"이라고 전망했다. 부루스 벡톨 미국 텍사스 앤젤로 주립대 교수는 "이번 제재가 지난 2년 동안 시리아와 이란, 아프리카 국가 등에 대한 북한의 확산활동에 대한 보복일 수 있다"고 지적했다.

이성윤 터프츠대 플레처스쿨 교수는 "이번 행정명령은 대북정책 강경화의 시발점"이라며 "북한이 지금까지 해 왔던 핵 공갈이나 심지어 실제 핵실험보다도 미국민에게는 더 중요한 표현의 자유를 억압당했다고 생각하기 때문"이라고 분석했다. 이어 "12월 중순 북한의 미국 내 기업(소니)과 국민(영화 애호가)에 대한 위협이 실제로 자아검열이라는 충격적인 효과를 초래했다는 점이 오바마 행정부로 하여금 천안함 폭침과 연평도 포격, 세 차례 장거리 미사일 실험과 두 차례 핵실험을 다 합친 것보다도 더 큰 역반응을 불러일으켰다"고 설명했다.

하지만 뒤에 일어난 일을 감안해 보면 가장 핵심을 찌른 것은 브루스클링너 헤리티지재단 선임연구원의 논평이었다. 그는 "오바마 대통령에게는 북한에 대해 취할 수 있는 제재 조치들이 더 있으며 북한을 테러지원국으로 재지정하는 것도 그 가운데 하나"라며 "행정부와 의회는 북한이 미국과 국제법을 위반하는 것에 대한 추가적인 대응방안을 더욱 강구해야 한다"고 주장했다. 그는 이미 "북한이 세계에서 가장 강한 제재를 받고 있다는 생각은 만연된 오해"라며 "이란이나 시리아, 짐바브웨 등 덜 극악한 권역들이 북한보다 더 심한 제재를 받고 있다"고 주장해 왔다.

**특파원 칼럼 2013/12/30** **북한 한성렬 미국국장의 잠 못 이루는 밤**

북한 외무성만큼 미국 정세를 치밀하게 연구하는 조직은 세계 어디에도 없을 것이라는 말이 있다. 김정일은 1990년대 초반 소련이 붕괴한 이후 2대 세습 독재자로 정권을 물려받았다. 그는 세계 유일 초강대국이 된 미국의 정세를 미리 잘 읽고 선수(先手)를 쳐야 쌀도 기름도 나온다고 생각해 미국 연구에 골몰했다.

1993년 1차 핵위기 이후 북한은 미국의 국내 정세를 교묘하게 이용해 도발과 대화를 병행하는 전술을 적절히 구사하며 핵개발을 지속하면서도 적지 않은 경제적 이익도 챙겼다. 강석주, 김계관, 이용호 등으로 대표되는 외무성 미국통들이 밤낮으로 미국을 연구해 김정일에게 '제의서'를 올려바친 결과다.

올해 말에도 미국 담당 부서인 외무성 미국국(美國局)은 새해 첫날 김정은 3대 세습 독재자의 신년사에 담길 대미 메시지를 작성하느라 바쁜 연말을 보냈을 것이다. 특히 2002년 이후 유엔주재 북한 대표부 차석대사를 두 차례나 지내 누구보다 미국 정치의 생리를 잘 아는 한성렬 미국국장은 여러 날 잠을 못 이뤘을 듯하다. 내년 미국 정치의 쟁점과 방향을 가늠하면서 과거처럼 북한이 활용할 만한 어떤 틈이 있는지를 찾아야 하기 때문이다.

내년에 가장 중요한 미국의 정치일정은 11월 중간선거다. 100석 중 35석을 바꾸는 상원 선거에서는 민주당이, 435석 모두가 선거 대상

(계속)

인 하원에서는 공화당이 다수당 자리를 유지할지가 관건이다.
버락 오바마 대통령과 민주당이 다소 불리하다는 전망이 적지 않다. 상하원 모두 공화당이 장악할 가능성이 높다는 것이다. 이렇게 되면 오바마 대통령은 다수당인 공화당이 반대하는 정책을 추진하기 어려운 내치보다는 외교정책에서 두 번째 임기의 마지막 성과를 내려 할 가능성이 크다.
북한은 혹시 2006년 조지 W 부시 대통령 2기 중간선거 당시를 떠올릴지도 모른다. 그해 10월 북한은 1차 핵실험을 했고 한 달 뒤 중간선거에서 부시 대통령은 상하원을 모두 민주당에 잃었다. 선거 패배 여파로 북한을 '악의 축'으로 규정한 부시 행정부 내 신보수주의자(네오콘)들이 모두 자리를 떠났고 북한은 6자회담 테이블에 다시 초대됐다. 북한은 다음 해 2·13합의와 10·3합의 등 거짓 대화를 통해 2차 핵실험 준비와 우라늄 농축시간을 벌었다.
하지만 지금은 그때와 상황이 많이 다르다. 중간선거에서 져도 오바마 대통령이 2009년 취임 후 5년 동안 고집해 온 대북 기조, '전략적 인내(strategic patience)'를 바꿀 가능성은 크지 않다. 민주당은 세 번이나 핵실험을 한 북한에 빗장을 잘못 풀었다가는 2016년 대선도 진다고 생각하는 분위기다. 공화당도 상하원을 장악한 뒤 북한에 대한 제재 강화 법안을 만들어 낼 공산이 크다.
북한처럼 핵개발과 경제 발전이라는 모순적인 가치를 좇던 이란이

(계속)

미국과의 비핵화 협상에 더욱 속도를 내면 북한은 세계에서 유일하게 핵을 놓고 미국과 대치하는 외톨이 신세가 될 수도 있다. 외무성 미국국 내부에서는 '우리도 이란처럼 광명의 길을 찾자'는 전향적인 생각을 하는 이들도 있을 것이다.

하지만 장성택 계열로 찍힌 외교관들이 하나둘 사라지는 살벌한 분위기 속에서 누가 감히 독재자의 노선에 반기를 들 수 있을까. 친중파 장성택은 죽고 대미 대화파들은 입을 닫은 상황에서 북한이 핵을 안고 무너지는, 그들에게는 최악의 길로 한발 더 나아가는 새해가 될 수도 있을 것 같아 안타깝다.

4

# 북한 '폭격 트라우마'와 미국 심리전

북한이 사고를 치고 미국이 전략자산을 전개하는 것은 북미 군사적 대치의 전형적인 패턴으로 자리를 잡았다. 특히 미국 전략폭격기인 B-2와 B-52, B-1B 등이 한반도 상공에서 무력시위를 벌이는 것은 북미 간 싸움이 레드라인에 근접했음을 뜻해 왔다.

문제는 북한의 핵·미사일 개발로 싸움의 강도가 점점 세지고 기존 레드라인이 무너지면서 고점이 점점 더 높아지고 있다는 것이었다.

★

"지금의 북한은 2차 세계대전, 태평양전쟁을 일으킬 당시의 일본하고 너무 똑같다. 선군(先軍)정치라는 것은 결국 군국주의다. 두목이든 수령이든 리더라고 하는 사람은 신성불가침인 점도 같다."

정몽준 전 새누리당 대표는 미국 카네기재단 주최 '2013 국제 핵정책 콘퍼런스' 개막 하루 전인 2013년 4월 8일 미국 워싱턴에서 특파원단과 가진 간담회에서 '김정은 체제가 얼마나 더 갈 것 같으냐'는 질문을 받고 이렇게 말했다. 이어 "태평양전쟁 직전 일본군 장교들은 '진주만 습격은 성공할 수 있어도 미국과의 전쟁에서 이길 수는 없다'고 생각했지만 그래도 일본은 전쟁을 일으켰다"고 덧붙였다. 미국 본토 공격 위협과 개성공단 조업 중단 등 브레이크 없는 대외공세에 나서고 있는 북한에 직격탄을 날린 것이었다.

워싱턴 특파원 간담회 중인
정몽준 전 새누리당 대표(2013. 4. 8)

최근 미국이 B-2 폭격기 등을 한반도 상공에 투입하는 등 대북 군사 시위를 벌이고 있지만 미국이 공언하는 '확장 억제'도 그대로 믿을 수가 없다는 취지로 말했다. 간담회 전주에 미국에 와 뉴욕과 보스턴 등을 거치며 미국인에게 북핵 대책 마련을 촉구해 왔던 그는 "오늘(8일) 아침에 만난 어떤 미국 전문가들은 북한이 '미국이 핵무기를 쏘면 우리도 쏜다'고 말하면 미국이 안 쏠 수도 있다고 이야기하더라"며 미국 내 달라진 분위기를 전했다.

그는 1962년 쿠바 미사일 위기 당시 미 행정부 내 의사결정 상황을 《결정의 에센스》라는 책으로 펴낸 미국의 국제정치학자 그레이엄 앨리슨을 인용하며 북핵을 저지하지 못한 미국 정부를 강하게 비난했다.

"10년 전 북한이 1차 핵실험을 하기도 전에 앨리슨 교수는 《핵 테러리즘》이라는 저서에서 현재 상태가 계속된다면 북한은 핵무기를 개발하고 핵무기 생산라인을 갖추게 될 것이며 이것은 230년 미국 외교정책사에 가장 큰 실패로 남게 될 것이라고 경고했다. 불행하게도 아무도 경고에 귀를 기울이지 않았다."

이어 "한반도의 분단, 6·25전쟁, 북핵 사태는 모두 한반도에 대한 미국의 몰이해, 오판, 전략부재 판단마비에 기인했다는 공통점을 갖고 있다"며 "한미동맹은 성공했지만 북핵을 저지하는 데는 실패했다"고 지적했다.

역대 한국 정부도 도마에 올렸다. 그는 "김대중 전 대통령은 햇볕정책의 세 가지 원칙을 이야기하면서 두 번째로 무력도발을 용납하지 않겠다고 했다. 무력도발 관점에서 보면 북한이 오늘 핵무장한 것, 이것보다 더 큰 무력도발은 있을 수가 없다"고 했다. 이어 "북한이 가지고 있는 (핵개발) 능력을 먼저 정확히 파악하고 우리가 어떻게 준비할 것인지 (대응방안을) 충분히 했어야 하는데 북한의 의도가 뭔지 논쟁하다 시간을 보냈다"고 비판했다.

그는 다음날 열린 콘퍼런스 기조연설에서 "북한의 핵개발로 국가안보가 심각하게 위협받는 상황에서 한국은 핵확산금지조약(NPT) 10조에 명시된 NPT 탈퇴 권리를 행사할 수도 있다"고 주장했다. "우리는 생각할 수 없는 상황이 발생하는 것을 예방하기 위해 생각할 수 없는 것으로 보이는 대안들로 생각해야 한다"는 것이었다.

2년 전부터 전술핵무기 한국 재배치를 주장해 온 정 전 대표가 이날 '핵확산금지조약(NPT) 탈퇴 권리 행사'라는 극약 처방까지 들고 나온 것은 북한이 핵이나 재래식 무기로 위협하는 상황이 3~5년만 지속되면 한국인의 자유분방한 기운이 소진되고 나라 전체의 정치·경제·문화가 쇠퇴할 것이라는 우려 때문이라고 수행한 측근들이 밝혔다.

회원국이 핵무기 개발을 포기하는 대가로 평화적 핵 이용권을 보장하는 내용을 골자로 하여 1968년 유엔에서 채택된 NPT 10조는 핵 문제로 인해 한 국가의 이익이 특별히 위협받거나 국가 생존이 걸렸을 때 3개월 전에 통보하고 탈퇴할 수 있는 권리를 부여하고 있다.

그는 북한 핵개발 저지를 위해 NPT 탈퇴뿐만 아니라 △ 전술핵무기 한반도 재배치 △ 2015년 전시작전통제권 전환 계획 폐지 △ 미군 2사단의 한강 이남 배치 계획 중단 △ 비핵화 최우선 논의를 전제로 하는 미북 직접 대화 등 모든 옵션을 테이블 위에 올려놓고 대책을 마련해야 한다고 주장했다.

"최근 한국인이 느끼는 핵 위협은 쿠바 핵 위기 때 미국인이 느낀 것의 1,000배"라고 보는 정 전 대표는 NPT 탈퇴 카드에 대해 "총기 규제 자치단체의 우량 회원이 생존을 위해서 잠시 단체에서 탈퇴하는 것과 같다"고 말했다. 핵으로 무장한 불량국가로부터 심각한 위협을 당하는 한국이 이 정도의 재량권은 가져야 한다는 것이다. 이는 북한의 핵개발과 동북아 핵 도미노에 대해 안일하게 생각하는 중국이 사태의 심각성을 깨닫고 북한을 변화시키게 만들겠다는 구상도 반영된 것으로 보인다.

북한의 핵미사일 능력 고도화에 맞춰 한국도 상응하는 자체적인 핵무장력을 가져야 한다는 주장은 이미 오래전에 제기되었지만 북한의 3차 핵실험 이후 그 주장은 질적·양적으로 확대되었다. 세계

축구연맹 등을 통해 세계적으로 인지도가 있는 정 전 대표까지 뛰어들면서 미국도 한국 내 보수핵심 여론을 민감하게 관찰해야 하는 처지가 됐다. 하지만 한국의 자체적 핵무장은 그 방법이 어떻건 간에 미국의 핵정책에 맞지 않았다. 워싱턴에서는 비용 대비 효과 측면에서도 회의론이 나왔다.

이런 한국의 핵무장론을 잠재우기 위해 오바마 행정부는 북한에 대한 확장억제능력을 강화할 만한 전략자산의 전개를 확대하는 정책으로 대응했다. 3차 핵실험 뒤에도 미국과 북한은 전략자산의 전개와 미국 본토 타격 위협을 주고받으면서 한반도에 전운이 감돌기도 했다.

2013년 2월, 3차 핵실험이라는 도발을 감행한 김정은은 미국과 한국을 대상으로 비난과 위협 수위를 높여 가다 2월 27일 한미연합 군사연습인 '키리졸브'의 시작을 계기로 도를 넘어섰다. 즉 아버지 김정일도 생전에 쓰지 않았던 '미국 본토 타격 위협' 카드를 들고 나온 것이었다. 이에 미국은 훈련기간 중인 3월 19일 한반도 상공에서 B-52 전략폭격기 비행훈련을 하는 것으로 무력시위를 했다. 괌 앤더슨 공군기지에서 출발한 B-52 전략폭격기는 한반도 상공을 선회한 뒤 복귀했다. '하늘을 나는 요새'라 불리는 B-52 전략폭격기는 정밀조준이 가능한 재래식 무기는 물론, 핵탄두 장착이 가능한 공중발사순항미사일(ALCM)도 탑재할 수 있다. 미군은 한미연합 '독수리훈련' 중이던 3월 28일 또 다른 전략폭격기인 B-2 스텔스폭격기

2대를 한반도에 보내 폭격훈련을 실시했다.

가만히 있을 수 없게 된 김정은은 3월 29일 자정이 넘은 시간에 군 최고 수뇌부를 긴급 소집해 작전회의를 열고 군 전략로켓부대에 '사격 대기 상태'에 들어가라고 지시했다. 그리고 날이 밝자마자 조선중앙TV를 통해 자신이 미국 수도 워싱턴과 로스앤젤레스(또는 샌디에이고), 하와이, 오스틴 등 타격 지점 4곳이 명시된 '미국 본토 타격 계획' 지도 앞에서 장군들을 지휘하는 장면을 내보내는 것으로 분풀이를 했다.

그 이전부터 북한이 사고를 치고 미국이 전략자산을 전개하는 것은 북미 군사적 대치의 전형적인 패턴으로 자리를 잡았다. 특히 미국 전략폭격기인 B-2와 B-52, B-1B 등이 한반도 상공에서 무력시위를 벌이는 것은 북미 간 싸움이 레드라인에 근접했음을 뜻해 왔다. 과거 남북관계가 그랬던 것처럼 북미관계에도 일정한 리듬이 있는데 '강(强) 대 강(强)'으로 맞붙다 서로가 인정하는 레드라인에 이르면 냉정을 되찾고 휴지기에 접어들기를 반복하는 것이었다. 문제는 북한의 핵·미사일 개발로 싸움의 강도가 점점 세지고 기존 레드라인이 무너지면서 고점이 점점 더 높아지고 있다는 것이었다.

이처럼 미군이 폭격기를 띄워 북한에 무력시위를 하는 것은 6·25 전쟁 당시 미군 B-29 폭격기에 국토 전체가 파괴됐던 북한의 '폭격 트라우마'를 활용한 심리전이라고 할 수 있었다. 1950년 6월 29일 미 극동공군 산하 제3폭격전대의 평양비행장 폭격으로 시작된 미군의 폭격은 3년 뒤 휴전 때까지 북한 김일성 등 지도부와 인민들을 끊임없이 괴롭혔다.

당시 미군 폭격을 집중 조명한 김태우 박사의 《폭격》(창비, 2013)에 따르면 북한은 1999년 유엔 안전보장이사회에 보낸 편지에서 전쟁 당시 미군이 주민 190만 명을 학살했다고 주장했다. 이는 소련의 1954년 보고서가 적시한 28만 2,000명에 비해 크게 부풀려진 숫자였지만, 민간인 희생자 대부분이 미군 폭격으로 희생된 것만은 틀림없는 사실이었다.

김일성 주석이 생전 평양 주석궁 인근에 깊은 땅굴을 파고 '방공'이라는 이름으로 주민들에게 등화관제 훈련과 공습대피 훈련을 철저히 시킨 것도 바로 전쟁 당시 속수무책으로 미군 폭격에 당한 뼈저린 기억 때문이었다. 2013년 4월 미국 우드로윌슨센터가 공개한 루마니아의 북한 외교문서에 따르면 북한 당국은 1968년 1월 23일 미국 해군 정보함 푸에블로호를 나포한 직후 평양주재 외교관들을 불러 모아 "미국의 공습이 예상되니 대사관에 방공 참호를 파라"며 심리전을 벌인 것으로 드러났다.

B-1B 초음속 폭격기의 전진 배치를 정치적으로 보면, 북한이 괌을 사정권에 둔 무수단 중거리 탄도미사일 시험 발사에 성공하고 한국을 겨냥한 잠수함발사탄도미사일(SLBM) 시험 발사에 열중하는 모습을 미국 측이 한미동맹에 대한 엄중한 안보상 위협으로 인식하고 있음이 드러났다. 북한의 핵과 장거리 미사일 개발이 막바지에 이른

것으로 관측되는 가운데 한반도는 물론, 괌과 사이판 등 미국 영토에 대한 직접적인 위협이 될 수 있는 이들 중거리 미사일 개발에 미국이 민감한 반응을 보였던 것이다.

하늘에서의 전략폭격기와 함께 해상에서의 전략자산 전개도 늘어났다. 2014년 초엔 미국 핵잠수함 정찰 활동의 60%가 한반도 인근 해역을 포함한 태평양에서 이뤄졌으며 이는 유사시 북한과 중국, 러시아와의 핵전쟁 계획에 대비하기 위한 것이라는 분석이 나왔다.

핸스 크리스텐슨 박사와 로버트 노리스 박사는 〈핵과학자회보〉 최신호에 공동 게재한 '2014 미국 핵전력(US nuclear forces 2014)' 보고서에서 미군이 '트라이던트II D5' 잠수함발사탄도미사일(SLBM) 등을 탑재한 오하이오급 핵전략잠수함 14척을 이용해 태평양과 대서양에서 정찰 활동을 벌이고 있다고 밝혔다.

북한 등이 핵 도발을 감행한다면 이 잠수함에 탑재된 핵미사일로 즉각 반격할 수 있도록 최소 8~9척의 잠수함이 작전 해역에 배치돼 있으며 이 중 4~5척은 특정 목표물을 즉각 타격할 수 있는 해역에서 '초비상(hard alert)' 상태를 유지하고 있다고 보고서는 밝혔다.

잠수함당 연간 평균 정찰 횟수는 2.5회로 10년 전 3.5회보다 줄었고 평균 정찰 기간은 70일이었으며 간혹 이 기간이 100일 이상으로 길어지기도 한다고 보고서는 소개했다. 미군이 재정난과 핵 군사력

감축 계획 등에 따라 핵잠수함 보유 대수와 정찰 활동을 지속적으로 줄여오고 있지만 냉전 시절부터 핵 강대국이었던 중국과 러시아, 그리고 지난 20년 동안 핵능력을 보강한 북한의 핵 도발에 전력을 집중하고 있음을 보여 주는 보고서였다.

2015년에 들어 북한의 도발 가능성이 커지자 한국과 미국은 전쟁이 발생했을 때 김정은 등 수뇌부를 참수하는 내용의 작전계획 5015를 만들었다. 북한과의 전면전만을 상정한 이전 작계 5027을 수정해 대한민국으로의 전시작전권 전환 이후에도, 그리고 북한과의 전면전, 국지전, 핵 및 화생방전 등의 위협에도 한미가 군사적으로 대응할 수 있도록 한 것이었다.

2015년 8월 이른바 '목함지뢰 사건'이라 불리며 비무장지대(DMZ) 서부전선에서 남북이 군사적으로 대치한 사건도 미국 군부의 경각심을 높였다. 당시 북한이 보여 준 돌출행동 때문에 미 국방부 최고 지도부가 한반도 '전쟁계획(war plan)'을 다시 짜고 있다고 CNN 방송은 그달 25일 보도했다. CNN은 복수의 국방부 관리들의 말을 인용하면서 "미군 사령관들은 북한 김정은이 한국의 대북 심리전 방송 재개에 항의하고 '48시간'이라는 구체적인 시한을 대내외적으로 홍보하며 전력 증강을 하는 과정을 매우 심각하게 받아들였다"며 "미군 내에서 벌어진 일련의 심각한 토론 과정을 통해 한미동맹군은 향후 북한의 어떤 도발이 미군의 개입을 촉발할 수 있으며 미군의 어떤 자산이 운용될 수 있는지를 재검토했다"고 보도했다.

미국이 수집한 위성사진 등 정보에 따르면 북한은 포격 도발 이후 국경을 넘어 침투해 오는 항공기를 탐지할 대공 레이더를 급히 가동시켰다. 또 인구가 밀집한 서울을 직접 타격할 수 있도록 DMZ에 포대를 추가로 배치하는 한편 수상함과 잠수함의 3분의 1 정도가 실전을 염두에 두고 동원됐다. 중단거리 스커드 미사일 발사나 대륙간 탄도미사일 발사실험 준비 징후도 감지됐다.

이와 관련해 워싱턴의 한 외교 소식통은 "미 국방부가 17일부터 시작된 한미 연합 군사연습인 을지프리덤가디언(UFG)을 21일 잠시 중단했던 것을 두고 '준전시상태'를 선포한 북한을 자극하지 않으려는 유화 제스처가 아니냐는 관측이 있었지만 실제로는 북한군의 움직임을 파악하고 실제 전시 상황 발생을 가정해 한미 양국 대응계획을 재검토하는 전략적 휴지기였다"라고 전했다.

미 군사전문지 〈에어포스타임스〉도 같은 날 미국 공군이 순환배치 계획에 따라 동맹국인 한국을 지원하기 위해 B-2 스텔스 폭격기 3대를 괌에 배치하기로 했다고 보도했다. 구체적인 배치 시기는 밝히지 않았다. 스텔스 폭격기는 북한 위기가 고조되던 2013년, 한미 합동훈련 시 한반도 상공에서 폭격 훈련을 벌인 바 있었다.

오바마 행정부 2기는 고고도미사일방어(THAAD·사드)의 한반도 배치 문제를 둘러싸고 공론화 과정이 조심스럽게 진행되던 시기였다. 이 문제는 북한의 미사일 공격에 대비한 미국의 미사일방어(MD)

시스템 강화의 한 축으로 진행되었다.

애슈턴 카터 미국 국방장관 지명자는 2015년 2월 4일 북한이 대륙간탄도미사일(ICBM)로 미국 본토를 위협할 가능성에 대비해 "미사일방어(MD) 체계를 대폭 강화하겠다"고 밝혔다. 또 "(소니픽처스 해킹과 같은) 사이버테러 위협에 대비하겠다"고 말했다. 카터 지명자는 이날 상원 군사위원회(위원장 존 매케인·공화) 주최로 열린 인준 청문회에서 "북한의 대량살상무기(WMD)와 탄도미사일은 미국 본토에 직접적 위협"이라며 "(북한의 미사일 위협에 대비해) 특히 캘리포니아와 알래스카의 지상발사 요격미사일(GBI) 체계를 강화할 것"이라고 말했다. 미 국방부는 북한이 미 본토를 ICBM으로 공격하겠다고 위협한 직후인 2013년 3월 "2017년까지 알래스카 포트그릴리 기지에 GBI 14기를 추가 배치할 계획"이라고 밝힌 바 있다.

카터 지명자가 인준 청문회에서 'MD 대폭 강화' 입장을 밝힘에 따라 버락 오바마 대통령의 남은 임기 2년 동안 미국의 독자적인 MD 강화 및 한미일 3국의 MD 공조 강화 작업이 가속화될 것이라는 전망이 제기됐다. 카터 지명자는 과거에도 북한의 ICBM 능력에 강경한 입장을 보여 왔다. 북한이 2006년 7월 미국을 겨냥한 장거리 미사일 발사실험을 하자 윌리엄 페리 전 국방장관과 함께 시사주간 〈타임〉에 기고문을 싣고 "미국은 북한의 미사일 발사 시설에 정밀타격(surgical strike)을 해야 한다"고 주장하기도 했다.

그는 모두발언에서 이슬람국가(IS)의 발호와 러시아의 세력 확대

**주간동아 2016/8/10** **한반도에 B-1B 폭격기를 보내는 데 얼마나 드나? 비용은 한국이 내나?**

재정절벽으로 상징되는 정부 예산 줄이기가 화두였던 오바마 행정부 2기엔 한반도에 대한 전략자산도 예산 절감을 위한 공론화 도마 위에 오르기도 했다. 미군이 북한의 계속되는 본토 공격 위협에 B-2 스텔스폭격기 2대를 한반도에 전개한 2013년 3월 28일 오후, 당시 척 헤이글 미 국방부 장관은 이례적으로 펜타곤 주재 기자들의 정례 브리핑에 직접 나와 상황을 설명했다. 오바마 대통령이 전년 대통령선거(대선)에서 재임에 성공하고 민주당과 공화당 등 워싱턴 정계가 재정절벽 및 국방비 삭감 문제로 논쟁을 벌이던 때다.

아니나 다를까. 한 미국 기자는 "한반도에 B-2 스텔스폭격기를 보내는 데 돈이 얼마나 들었나. 재정위기 상황 속에서 적절한 일이었나"라고 삐딱한 질문을 했다. 이에 대해 헤이글 장관은 "정확한 액수는 모른다"고 선을 그은 뒤 "한반도와 한미동맹에 대한 흔들림 없는 헌신"이라고 설명했다. 함께 나온 마틴 뎀프시 합동참모본부 의장도 "예산에 책정된 군사훈련 비용 안에 있다"며 "문제될 것이 없다"고 헤이글 장관을 방어했다.

헤이글 장관은 한미연합 군사연습에 따른 북한의 무력도발 가능성이 커지는 데 대해 "북한의 위협이 커지고 있어 만일의 사태에 대비 중"이라고 강조했다. 이어 "미국은 북한의 어떤 예측 불허 사태에도 대

(계속)

워싱턴 주미대사관 1층에 설치된 세월호 분향소 방명록에
서명하고 있는 척 헤이글 국방장관(2014. 5. 10)

처할 준비가 돼 있고 앞으로도 그럴 것"이라며 "우리는 절대적으로 한국과 이 지역의 다른 동맹을 방어할 의무가 있다"고 강조했다.

하지만 당시 미국 기자의 삐딱한 질문은 한국이 자국 방어를 위해 더 많은 비용을 부담해야 한다는 도널드 트럼프 공화당 대선후보와 그를 지지하는 미국 하층민들의 정서가 새삼스러운 것이 아님을 상징적으로 드러낸 일화였다고 할 수 있다. 트럼프가 실제로 대통령이 된다면? 북한의 도발에 B-1B 초음속 폭격기를 전개하자는 국방부의 제의에 "한반도에 B-1B 초음속 폭격기를 보내는 데 돈이 얼마나 드나? 비용은 한국이 내나?"라고 질문할지 모른다는 생각이 들었다. 트럼프 행정부가 2018년 4월 한국 측에 전략자산 전개비용의 분담을 요구했다는 보도로 현실화되었다.

등 미국의 국가안보를 위협하는 국제정치적 움직임을 열거하면서 "앞서 잭 리드 상원의원이 지적한 사이버테러 역시 그 가운데 하나"라고 언급했다. 이에 앞서 리드 의원은 카터 지명자를 소개하면서 북한을 직접적으로 거명하지는 않은 채 "소니픽처스에 대한 해킹 사건은 작은 악당국가(rogue)가 태평양을 건너 미국의 '표현의 자유'를 공격할 수 있다는 사실을 보여 준 사례"라고 지적했다. 한편 카터 지명자는 조지 W 부시 행정부 시절인 2006~2008년에 콘돌리자 라이스 당시 국무장관의 참모 역할을 맡는 등 공화당과도 비교적 좋은 관계를 유지해 왔으며 인준 청문회를 무난히 통과했다.

사드 체계 도입 문제의 공론화를 둘러싸고 한국 내 당청 갈등이 감지되는 상황에서 주한미군사령부는 사드 체계의 군사적 효용성을 적극 강조하고 나섰다. 주한미군사령부는 2015년 3월 12일 '공식 입장문'을 발표하면서 "사드 부대는 한국형미사일방어(KAMD) 체계 및 한국 내 미군의 패트리엇(PAC-3) 미사일 체계를 보완함으로써 북한의 미사일 위협으로부터 (대한민국을) 방어할 수 있는 이점을 제공할 것"이라고 밝혔다.

이는 한국군의 KAMD 체계와 주한미군의 PAC-3 미사일로는 북한의 핵과 미사일 방어에 한계가 있기 때문에 더 높은 고도에서 북한의 탄도미사일을 요격할 수 있는 사드가 필요하다는 점을 공식적으로 밝힌 것으로 풀이된다. 한국군 고위 관계자는 "주한미군이 한국의 독자적 미사일방어망(KAMD) 체계와 사드의 연계 운용을 강력히 요청한 것으로 봐야 한다"고 해석했다. 새누리당 유승민 원내대표도 최근 이 같은 점을 들어 '사드 도입론'을 주도하면서 의원총회에서 공식적으로 논의하겠다고 밝혔다.

주한미군사령부는 2014년 6월 초 커티스 스캐퍼로티 사령관(육군대장)이 한국국방연구원(KIDA) 주최 포럼에서 "사드는 더 광범위한 탐지능력과 뛰어난 위협 인지능력, 한미 상호 운용성을 제공하기 때문에 사령관으로서 (미 국방부에 사드의 한국 배치를) 추천했다"고 밝힌 내용을 다시 강조했다. 이어 "지난해 사드 체계의 한국 배치에 대비해 적절한 장소를 찾기 위한 비공식 조사를 실시했다"고 설명했다. 다만 "아직 사드의 한국 배치 여부와 배치 장소는 결정되지 않았고, 한국 정부와 충분한 논의를 거쳐 결정할 것"이라고 덧붙였다.

하지만 여론 분열을 우려한 박근혜 정부는 '3NO'정책으로 일관하며 명확한 답변을 내놓지 않았다. 2015년 초 워싱턴 현지에서 알고 지내던 정부 관계자는 기자에게 "도대체 이 문제를 어떻게 했으면 좋겠느냐"고 물었다. 느낌상으론 펜타곤이 한반도 사드 배치를 강력하게 요구하고 있지만 청와대에서 전략적 결단을 내리지 못하고 있다는 취지로 읽혔다.

"결국 북한이 기회를 주지 않겠어요? 2013년 2월 3차 핵실험 이후 추가 핵실험이나 대륙간탄도미사일(ICBM) 발사 등 전략도발이 3년 가까이 없었으니 조만간 국면 전환이 있을 겁니다. 그때 사드를 들여놓으면 되겠지요. 북한의 도발에 대응하는 것이니 북한도 중국도 한국 내 여론도 반대하지 못할 겁니다."

사드의 대중 외교 갈등 초래 가능성과 기능적 효용성, 비용분담 문제 등을 놓고 심화된 한국 내 논란은 동맹국인 미국에 위안부 문제만큼이나 부담을 줬다. 돌이켜 보면 당시 논쟁은 실익 없이 한미 관계만 위험하게 했다는 비판에서 벗어나기 어렵다. 오바마 행정부는 이 문제에 대해 상당한 여유를 보이고 있었고 비용 문제도 이미 2015년에 미국 측의 부담으로 판가름이 나 있었다. 하지만 동맹국인 한국은 그 무엇도 믿을 수 없다는 전제로 부질없는 논쟁만 몇 년째 계속하고 있었다.

이를 보다 못한 대니얼 러셀 국무부 동아태 차관보는 2015년 5월 21일에 "다음 달 중순 워싱턴에서 열리는 한미 정상회담에서 고고도미사일방어(THAAD·사드) 체계의 한반도 배치 문제가 논의될 것으로 기대하지 않는다"고 못박았다. 워싱턴 외신기자클럽에서 열린 기자회견에서 "전통적으로 사드와 같은 종류의 특정 방어체계 문제는 정상급에서 협의하거나 결정하기 전에 실무적 계통을 통해 협의될 필요가 있다"며 이같이 말했다. 이는 미국이 이번 한미

대니얼 러셀 국무부 동아태 차관보
© 동아일보 자료사진

정상회담에서 사드 배치 문제를 정식 의제로 다루지 않겠다는 뜻을 분명히 한 것이었다.

한국 정부 고위 당국자도 이날 워싱턴 특파원 월례 간담회에서 "이번 정상회담에서 그 문제가 논의되기 어려울 것"이라고 말해 사드 배치 문제가 정상회담 의제가 아님을 시사했다. 이 당국자는 최근 미 당국자들의 잇따른 한반도 사드 배치 관련 발언에 대해 "커티스 스캐퍼로티 주한미군사령관이 (사드의 주한미군 배치를) 요청했기 때문에 당연히 미 행정부 내에서 논의가 이뤄지고 있는 것"이라며 "지역 전투 지휘관들도 한반도 사드 배치를 건의하고 있는 것으로 안다"고 전했다.

미 행정부 내 사드 배치 논의 과정에 정통한 워싱턴 외교 소식통은 21일 "미국이 한반도 사드 배치를 결정하더라도 자체 국방예산으로 구입해 한국 내 미군기지에 배치하겠다는 것으로 안다"고 말했다. 또 "이 경우 한국이 비용을 분담한다면 기지 부지 제공 등 부대비용에 한정될 것"이라며 "주한미군 주둔비용 분담협정 내에서 처리 가능한 부분"이라고 설명했다. 외교 소식통은 이어 "최근 프랭크 로즈 미 국무부 군축·검증·이행담당 차관보가 '사드 한반도 배치를 고려하고 있다'며 사용한 '퍼머넌트 스테이셔닝(permanent stationing)'이라는 개념은 시간이 아닌 공간의 개념"이라며 "'영구 주둔'이나 '상시 배치'보다는 '이동식 배치'의 반대말인 '고정식 배치'가 더 정확한 번역"이라고 덧붙였다.

서울의 조급함이 비정상적이었음을 확인시켜 주는 사드 배치는 1년도 안 되어 현실화되었다. 나의 조언대로 북한의 4차 핵실험과 잇단 탄도미사일 발사에 대한 대응 형식이었다. 한미 양국은 오바마 행정부 4년차인 2016년 7월 8일 고고도미사일방어(THAAD·사드) 체계를 주한미군에 배치하기로 결정했다고 발표했다. 한미는 공동 발표문에서 "북한의 핵, 대량살상무기(WMD) 및 탄도미사일 위협으로부터 대한민국과 우리 국민의 안전을 보장하고 한미동맹의 군사력을 보장하기 위한 방어적 조치"라고 설명했다. 중국도 반대하며 한국에 보복조치를 시사했지만 어쩔 도리가 없었다. 미국은 한국에 사드 배치 부지만 제공받았을 뿐 비용을 요구하지 않았다.

**동아일보 2013/12/6 록히드마틴 공장 방문기**

2013년 12월 4일 오후 미국 버지니아 주 알링턴에 있는 록히드마틴 사옥. 지난달 한국 정부가 차기 전투기로 F-35A를 선정했다고 밝힌 이후 처음 한국 기자들과 만난 이 회사 관계자들은 '축하한다'는 인사에 대해 미리 약속이나 한 듯 "아직 최종 계약 때까지 할 일이 많다"며 짐짓 신중한 반응을 보였다.

하지만 관계자들은 "한국이 록히드마틴과 F-35A를 선택한 것은 참 잘한 일"이라며 최종 계약을 앞둔 막판 홍보에 열을 올렸다.

"한국이 국제적으로 능력이 인정된 F-35 전투기를 차기 주력 전투기로 도입한다면 주변 국가들이 한국의 영공을 함부로 침범하지 못하는 억지 효과를 누릴 수 있을 것입니다."

데이브 스콧 F-35 국제사업개발 담당 이사는 최근 중국의 동중국해 방공식별구역(ADIZ) 설정으로 촉발된 아시아 항공영토 분쟁에 한국의 F-35 도입이 어떤 효과가 있을 것인지를 묻는 질문에 이렇게 대답했다.

그는 F-35가 미사일 등 무기 장착 용량이 적어 북한과의 전면전 등에 적합하지 않다는 지적에 대해서는 "스텔스 기능이 줄어들긴 하지만 전투기 내부에 4기, 외부에 10기의 미사일을 장착해 투하할 수 있다"고 문제가 아니라고 설명했다.

사옥 1층에는 직접 F-35 조종석에 앉아 가상 비행을 할 수 있는 전

(계속)

F-35 전투기의 비행 모습
© 록히드마틴 제공사진

투기 모의시현센터가 설치돼 있었다. 조종석에 앉자 스텔스 기능이 최강점인 F-35를 직접 운전해 방공 레이더망의 식별과 지대공 미사일의 요격을 피해 적진을 미사일로 초토화하고 돌아오는 모든 과정을 체험할 수 있었다.

과거 4세대 전투기에서 볼 수 있었던 복잡한 계기판은 사라지고 몇 개의 터치패드만 눈에 들어왔다. 실제 F-35 조종사들은 헬멧 앞 투명 스크린에 펼쳐지는 정보들로 외부 상황을 인식하고 전투기 운행과 공격 등을 결정하기 때문이다.

이에 앞서 6월 18일 플로리다 주 에글린 공군기지에서 만난 F-35 조종사 펠킹턴 중령은 "조종에 필요한 모든 정보들이 눈앞에 뜨기 때문

(계속)

**록히드마틴 F-35 생산 공장**
© 록히드마틴 제공사진

에 조종사는 과거처럼 계기판을 두리번거리며 비행기를 운전하는 데 정신을 뺏기지 않고 적과 싸우는 일에 집중할 수 있다"고 설명했다.

록히드마틴 한국지사 이영종 고문은 "조종사가 헬멧을 쓰고 목을 상하좌우로 움직이기만 하면 전투기 외부에 설치된 6개 카메라가 같은 방향의 실제 외부 전경을 보여 준다"며 "내가 보는 것을 편대비행을 하는 옆 조종사도 같이 보기 때문에 서로 말로 상황을 설명하며 주의력을 떨어뜨릴 이유가 없다"고 말했다.

영국, 캐나다, 호주, 일본 등 기존 10개 계약 체결 국가에 한국까지 가세하면서 미국 남부 텍사스 주 포트워스 록히드마틴 공장은 양산 체제를 가속화하고 있다.

(계속)

신형 F-35 최첨단 조종복(2013. 6. 19)

올해 6월 19일 이곳을 방문했을 때 마침 100대째 F-35가 조립되고 있었다. 두 달 뒤인 8월 초 출고돼 미 공군에 배치된 이 비행기에는 특별히 빨간색 바탕에 노란색 글씨로 '최고의 능력(superior capability)'이라고 쓰인 표어가 붙어 있었다.

앞 동체, 뒤 동체, 중간 동체와 날개 등 네 부분을 따로 제작해 조립

(계속)

하는 이 공장에서는 한 달에 17개의 전투기가 생산된다. 제작 공정은 완전 자동화돼 사람의 모습은 최첨단 기계 사이로 드물게 눈에 들어왔다.

조립을 마친 전투기들은 시스템 전반이 제대로 작동하는지, 고도별로 알맞은 속도를 낼 수 있는지를 확인하는 비행 훈련을 거친다. 6월 19일 오전에도 F-35 전투기 한 대가 힘찬 굉음을 남기며 하늘로 높이 날아올랐다.

에글린 공군기지는 F-35 조종사 훈련 기지로 탈바꿈한 상태였다. 현재 모두 32대의 훈련용 F-35 전투기가 배치된 이곳에서는 F-35를 도입한 미국과 10개국 조종사들이 직접 전투기를 몰며 훈련을 받는다.

이영종 고문은 "한국이 2016년부터 F-35를 도입하면 한국 조종사들도 이곳 또는 애리조나 주 루크 공군기지에 신설되는 교육센터에서 F-35 파이터로 거듭나는 훈련을 받게 된다"고 말했다.

# 5

# 신동혁이 띄우고 내린
# COI 리포트

COI가 설치되면서부터는 유엔의 예산과 인력을 지원받는 체계적인 북한 인권 문제 조사가 가능해졌다. 북한의 국가 인권 침해가 기록되고 가해자를 국제형사재판소(ICC)에 기소할 길도 열렸다. 북한 정부가 인민에 대한 '보호책임(Responsibility to Protect)'을 방기하고 있다는 이유로 국제사회가 무력 개입할 수 있는 근거 자료들이 유엔의 이름으로 쌓이게 된 셈이었다.

★

"미래의 북한을 다뤄 나갈 열쇠는 인권 문제에 있다고 생각합니다."

로버트 킹 미국 대북인권특사는 2013년 4월 11일 미국 매사추세츠 주 케임브리지의 하버드대 힐레스 도서관에서 열린 한미 평화통일포럼에서 "인권 문제에 초점을 맞추면 장기적으로 북한의 미래를 위해 더 좋은 해법을 낳는 변화를 만들 수 있다"며 이같이 말했다. 정치적 대화도, 경제 제재도 북한을 변화시킬 수 없다면 인류 보편적 가치인 인권 문제를 지렛대 삼아 북한을 압박하고 바람직한 변화를 이뤄 내야 한다는 것이었다.

대통령직속자문기구인 민주평화통일자문회의(민주평통)가 주최한 이날 포럼에서 킹 특사는 "최근 몇 년 동안 북한 인권 문제에 대한

민주평통 미국 보스톤 세미나에서 연설 중인 로버트 킹 미국 대북인권특사(2013. 4. 11)

관심이 눈에 띄게 늘어났다"며 "유엔 인권이사회가 최근 북한인권조사위원회 설립을 결의한 것은 변화하는 국제사회의 태도를 가장 명확하게 보여 줬다"고 설명했다. 또 "북한 주민의 외부 정보 접근이 전보다 쉬워졌다"며 "북한은 변하지 않는 장소가 아니라 변화가 진행되는 장소"라고 지적했다.

북한 인권 문제를 대북 압박의 수단으로 활용하려는 오바마 행정부의 노력은 그해 출범한 유엔 북한인권조사위원회(COI) 활동으로 급물살을 탔다. 호주 대법관 출신인 마이클 커비가 진두지휘한 위원회는 2013년 7월 첫 모임을 열고 북한 인권 문제에 대한 세 가지 조사 방법론에 합의했다. 가장 투명하고 공정한 절차를 통해 최고의

마이클 커비 북한인권조사위원회(IOI) 위원장이 진두지휘한
미 존스홉킨스대 북한인권세미나(2015. 10. 27)

성과를 내되 희생자와 증인을 최대한 보호한다는 것이 골자였다.

이보다 앞서 그해 2월 20일 만난 그레그 스칼라튜 미국 북한인권위원회 사무총장은 “대화로도 제재로도 북한 핵개발을 저지할 수 없다면 인권 이슈에서 하나의 돌파구를 마련할 수 있을 것”이라며 다음 달 초 스위스 제네바에 있는 유엔인권이사회가 체계적인 북한인권조사위원회(COI) 설치 여부를 결정키로 한 것에 큰 기대감을 나타냈다. 그는 한국과 미국의 정부와 민간이 △ 북한의 인권상황을 파악하고 △ 국제 여론에 호소하고 △ 유엔과 각국 정부를 북한 인권 개선 작업에 동참시켜 북한 정부가 변화하도록 압박해야 한다고 말했다. 스티븐 해거드 미국 샌디에이고 캘리포니아대 교수도 같은 달 13일 피터슨국제경제문제연구소 홈페이지에 기고한 글을 통해 "COI 설치는 북한 인권 침해를 어떻게 볼 것인지를 둘러싼 논쟁에 근본적인 전환이 될 것"이라고 평가했다.

다음 달 COI가 설치되면서부터는 유엔의 예산과 인력을 지원받는 체계적인 북한 인권 문제 조사가 가능해졌다. 북한의 국가 인권 침해가 기록되고 가해자를 국제형사재판소(ICC)에 기소할 길도 열렸다. 북한 정부가 인민에 대한 '보호책임(Responsibility to Protect)'을 방기하고 있다는 이유로 국제사회가 무력 개입할 수 있는 근거 자료들이 유엔의 이름으로 쌓이게 된 셈이었다. 하지만 정작 한국 정부는 막판까지 공개 지지의사를 표시하지 않아 관련국들이 공개적으로 불만을 제기하기도 했다. 급기야 미국 〈워싱턴포스트〉가 2월 20일 '한국, 북한 인권조사 놓고 진퇴양난'이라는 기사에서 한국 정부의 애매한 태도를 지적했다.

이렇게 출범한 COI는 다음 해인 2014년 2월 17일 조사결과보고서를 발표하기까지 반년 남짓한 기간 동안 서울, 도쿄, 런던, 워싱턴에서 공개 청문회를 열었다. 80여 명의 탈북자와 전문가 등이 청문회에 참석해 공개 증언을 했다. 이와는 별도로 탈북자 등 240여 명은 비공개로 조사에 협조했다. 북한 당국의 보복을 피해서였다.

유엔 기구 및 한국과 미국 등 회원국가들, 북한 인권 관련 비정부기구(NGO)와 연구기관 등은 80여 건의 자료를 내놓았다. 위원들은 청문회가 열린 4개 도시에 태국을 합한 5개 나라를 방문했다. 위원회는 조사의 당사자인 북한과 핵심 관련국인 중국에 대해서도 방문과 자료 협조를 요청했다. 이들은 불응했지만 위원회는 공정한 반론권을 준 셈이었다.

이렇게 작성된 COI의 당시 보고서는 일단 좋은 학술 논문의 자격 요건인 '방법론'의 측면에서 훌륭한 점수를 받기에 충분했다. 북한 정권의 주민 인권 유린 문제에 대해 인류가 축적한 경험과 지식을 집대성했다고 해도 과언이 아니었기 때문이다. 한국의 진보들이 좋아하는 표현이긴 하지만 '집단지성'이 이뤄낸 지적 성과물인 셈이었다.

좋은 방법론의 당연한 결과로 보고서는 단순한 북한 인권 피해 사례집을 넘어섰다. 좋은 논문의 필수요소인 이론적 함의를 곳곳에 내포하고 있었기 때문이다. 보고서는 학술 이론을 장황하게 늘어놓지는 않았지만 증언과 역사적 사실을 논리적으로 연결하는 방법을 통해 읽는 이가 의식하지 않는 사이에 중요 쟁점을 보는 '이론적 지도'를 제시하였다.

이 보고서는 북한의 1990년대 '고난의 행군' 경제난과 대규모 아사(餓死)의 원인을 단순히 식량 부족이라는 경제적 차원의 문제가 아니라 출신성분에 따른 식량 분배의 차별이라는 정치경제적 차원에서 찾았다. 식량이 부족하긴 했지만 온 국민이 평등하게 나눠 먹었다면 다 살 수 있었다면서 권력자들이 평소처럼 배를 불리는 사이 권력이 없는 자는 식량 접근권을 박탈당했고, 최대 350만 명의 아사로 이어졌다고 주장했다.

기근과 아사의 원인을 경제가 아닌 정치에서 찾는 보고서의 이론적 배경은 인도 출신의 노벨경제학상 수상자 '아마르티아 센'의 것이었다. 보고서는 이를 사례로 입증하기 위해 1990년대 경제난으로 함경남북도 등 변방에서 주민들이 죽어가는 순간에도 평양에 사는 핵심 계층은 전보다 더 잘 먹었다는 탈북자들의 증언을 상세하게 소개했다.

보고서는 북한 정권이 1995년부터 시작된 전 세계 인도적 지원단체들의 지원을 평양 지역으로 집중되도록 했다는 사실을 고발하면서, 김정일 정권이 인도적 지원 덕분에 남게 된 식량 구입비용을 엘리트들의 충성심 유도를 위한 사치품을 사는 데 썼다고 지적했다.

이론 위에 얹어진 증언들은 전 세계의 양심들을 화나게 했다. 일찍이 1990년대 당시 식량 문제를 통해 북한체제의 본질을 꿰뚫어 봤던 니콜라스 에버슈타트 미국 기업연구원 선임연구원은 "민주주의 정부와 비정부기구들은 더는 몰랐다는 듯 행동할 수는 없게 됐다"며 북한이 서방의 인도주의적 지원을 마음대로 분배하도록 두어서는 안 된다고 주장했다.

전체적으로 보고서는 이른바 '북한 문제'에 관심을 가지려는 초심자들에게 처음부터 올바른 관점과 연구 대상의 특성을 알려 주는 '개론서'로서 조금도 손색이 없었다. 보고서의 주된 목적은 북한의 인권 침해와 반인도 범죄를 국제법적 차원에서 검증하고 판정한 뒤

시정 권고를 내리는 것이었지만 이를 위해 북한의 실상을 역사적·구조적 맥락에서 조명했다.

전반부에는 한반도의 역사를 일제강점기 이전, 일제강점기, 한반도 분단과 6·25전쟁, 김씨 일가 수령체제의 등장과 공고화 등으로 나눠 정리해 놓아 초심자들도 북한이라는 이상한 나라가 등장하게 된 배경과 맥락을 쉽게 알 수 있게 했다.

본문에서도 항목별로 북한 내 인권 침해와 반인도 범죄를 다루었지만 조금이라도 북한 문제를 고민한 독자라면 그것이 바로 북한 그 자체라는 판단에 이를 수 있게 했다. 보고서는 인권 문제의 해결을 위해 근본적인 정치경제적 개혁을 주문했다. 북한이라는 나라가 스스로 변화해 인권 문제를 해결하는 것은 불가능하다는 비관적 인식이 깔려 있었지만 말이다.

더 칭찬하고 싶은 것은 방대한 자료와 법률적 개념, 이론적 함의가 누구든 이해할 수 있는 쉬운 언어에 녹아들어 있다는 사실이었다. 영어를 조금만 할 줄 아는 사람이라면 이 보고서가 얼마나 쉽고 정확한 영어로 쓰였는지 첫 문장부터 느낄 수 있을 정도였다.

보고서의 각주에는 한국의 북한학자들과 각종 연구기관들의 연구 성과물이 다수 소개되었다. 그동안 한국 북한학계가 일궈낸 성과가 영어 등 6개 세계어로 번역돼 유엔의 이름으로 세계적인 인증을 받는, 이를 테면 '한국 북한학의 세계화'라는 성과도 기대되었다.

이처럼 탄탄한 방법론과 이론, 구성을 통해 보고서는 유엔 안전보장이사회가 북한의 반인도 범죄를 국제형사재판소에 제소해야 한다는 요구를 비롯해 그동안 전 세계 북한 인권 운동 진영이 주장해 온 내용들을 좋은 논문의 마지막 구성요소인 '강력한 주장'으로 말미에 정리했다.

보고서가 발표된 뒤 세계 언론 대부분이 이들 주장에 집중적인 관심을 드러낸 뒤 '주장은 좋은데 실효성이 있겠느냐'는 회의론을 함께 피력했다. 기자로서의 필자도 마찬가지였다. 그래서 권고 부분이 집중적으로 소개된 36쪽짜리 보고서 요약본을 훑어보는 것으로 취재가 충분하다고 생각했다.

하지만 북한학자의 입장으로 돌아가 371쪽짜리 보고서 전체를 감상한 결과, 좋은 방법론과 이론·구조로 이뤄진 이번 보고서가 북한의 암담한 민낯을 국제사회에 그대로 드러낸 것 자체로 북한에 대한 변화의 압박이 될 것이라는 확신을 갖게 됐다.

그것이 언제가 될지는 모르겠지만 북한이라는 국가 또는 김씨 왕조가 몰락한 뒤 주된 동인을 찾을 세계 북한학자들이 COI 리포트가 어떻게 국제사회의 북한 압박 기제를 강화해 변화를 추동했는지를 후속 논문으로 쓰게 될 수도 있겠다는 생각이 들었다.

한국과 미국의 북한 인권 관련 기관들도 COI 리포트가 만들어 준 소중한 기회를 최대한 활용하려 애썼다. 그해 11월에는 나치의 유대인 학살 참상을 고발하는 미국 홀로코스트 박물관에서 사상 처음으로 북한 정권의 주민 인권 유린을 규탄하는 국제 세미나가 열렸다. 미국 민간단체인 북한인권위원회(HRNK)가 주최한 이 행사에 미국 측에서는 로버트 킹 국무부 북한인권특사와 로버타 코언 HRNK 의장, 제러드 겐서 북한반(反)인도범죄철폐국제연대(ICNK) 법률고문 등이 참석했다. 한국 측에서는 탈북자 신동혁 씨(31)와 이정훈 북한인권 대사(연세대 교수), 김태훈 전 국가인권위원회 북한인권특위 위원장, 현인애 NK지식인연대 부대표 등이 참석해 발표와 토론을 했다.

박물관 측은 북한 제14호 정치범수용소 출신으로 미국과 유럽 등 전 세계를 상대로 북한 인권 문제의 심각성을 알리고 있는 신 씨에 대해 '유대인 학살 생존자'에 준하는 호텔비 등 경제적 지원을 했다. 이 행사를 기획한 그레그 스칼라튜 HRNK 사무총장은 "많은 미국 유대인들이 북한의 정치범수용소를 나치의 아우슈비츠 수용소와 같은 인권 유린의 장소로 인식하고 있다"고 말했다.

미국 워싱턴 연방 하원 빌딩에서 2014년 6월 18일 열린 북한인권 청문회는 미국 의원들을 위한 '과외수업'을 방불케 했다. 비슷한 청문회가 이미 여러 차례 열렸지만 이날 공부모임은 학생과 교재, 선생님이라는 세 가지 측면에서 매우 특별했다.

우선 청문회 주체는 북한 문제를 주로 담당해 온 외교위원회 산하 '아시아태평양 소위원회'가 아닌 '아프리카·국제보건·국제인권·국제기구 소위원회'였다. 크리스토퍼 스미스 위원장(공화·뉴저지) 등 다섯 명의 소위 위원들은 유엔 북한인권조사위원회(COI) 리포트를

미국과 유럽 등 전 세계를 상대로
북한 인권 문제의 심각성을 알리고 있는
탈북자 신동혁 씨 © 동아일보 자료사진

북한 정권의 주민 인권 유린을 규탄하는
그레그 스칼라튜 북한인권위원회(HRNK)
사무총장(2015. 1. 22)

교재로 삼아 기초적인 북한 관련 상식부터 질문을 이어 나갔다.

소위원회는 한국의 다양한 전문가 3인을 증인으로 초청했다. 한국 정부를 대표한 이정훈 북한인권 대사(연세대 교수)와 민간 연구자인 신창훈 아산정책연구원 연구위원, 북한 정치범 수용소 출신 탈북자 신동혁 씨가 바로 그들이었다. 그들은 치밀한 사전 준비를 통해 의원들이 짧은 시간 동안 북한 문제의 핵심을 꿰뚫을 수 있도록 안내했다.

이 대사는 특히 "북한체제의 반체제 인사에 대한 인권 유린은 COI 리포트가 지적한 반(反)인권 범죄를 넘어서 인종청소 또는 계획적 대량 학살(genocide)로 볼 수도 있다"는 영국의 유명 국제법 전문가들의 COI 리포트 검토 의견을 문서와 함께 전달했다.

영국 옥스퍼드대에서 국제법을 전공한 신 위원은 북한 핵개발 시설에서 벌어지는 핵 전문가들의 인권 유린 문제를 제기했다. 주로 대량살상무기(WMD) 개발과 비확산 관점에서 다뤄지던 북핵 문제에 '핵 기술자 인권'이라는 새로운 관점을 추가해 북한의 핵개발을 포기하도록 압박의 고리를 하나 더 만든 것이었다.

오후 2시에 시작된 청문회는 3시간 동안 진지하게 진행됐고 이는 C-SPAN 방송으로 미 전역에 생중계됐다. 2월 공개된 COI 리포트가 진보진영이 '탈북자와 일부 보수적 연구자들의 편향적 주장'으로 치부했던 북한 인권의 현실을 유엔의 이름으로 확인하고 정당화하는 데 성공했다는 평가를 입증하는 사례였다.

COI 리포트는 북한 인권 문제 대중화에도 기여했다. 3월 24일 오후 미국 북한인권위원회(HRNK)가 연방 상원 건물에서 주최한 '북한의 인권 침해—COI 리포트 다음은 어디인가' 세미나는 청중 200여 명이 참석할 정도로 호응이 높았다. 지난해 마이클 커비 COI 위원장이 워싱턴에서 주재한 북한 인권 청문회 방청석이 텅 비었던 것과는 대조적이었다.

방청객들은 "COI 리포트 발표 이후 북한 인권에 대한 미국인들의 관심이 커졌다"고 증언했다. 조지워싱턴대 국제관계대학원 석사 과정의 조너선 가텐버그 씨(29)는 "지도교수가 '북한 인권 문제에 관심을 가지라'고 조언해 공부하러 왔다. COI 리포트가 북한 문제를 논의할 때 가장 권위 있는 자료로 인용되고 있다"고 소개했다.

COI 리포트 공개 이후 미국 내 북한 인권 운동단체들과 교민들은 이를 '대북 제재 강화'의 구체적인 수단으로 활용했다. 그레그 스칼라튜 HRNK 사무총장은 이날 "보고서가 인권 침해 주체로 지목한 개인과 조직, 기관에 대해 미국과 국제사회가 '타깃 제재'에 나서야 한다"고 입법 청원 운동을 벌였다.

이 대사는 18일 청문회 직후 워싱턴 특파원들과 만나 "COI 리포트를 계기로 국제사회가 북한 인권 문제를 주시하고 북한과 후원국 중국, 러시아 등을 압박할 수 있도록 노력해야 한다"고 지적했다. 'COI 리포트 효과'를 잘 활용해 북한 민주화의 밑불을 지펴 나가야 한다는 말이었다.

이 활동에 핵심적으로 참여했던 탈북자 신동혁 씨(33·사진)는 2014년 9월 국제인권단체 휴먼라이츠워치(HRW)가 주는 인권상을 받는 등 세계적으로 유명세를 탔다. 그는 북한 정치범수용소에서 태어나 2005년에 북한을 탈출한 이후 북한 주민이 겪고 있는 고통을 국제사회에 알리기 위해 노력해 왔다는 평가를 받고 있었다. COI 리포트를 통해 북한 주민들의 인권을 위한 그의 노력과 용기가 세계에 알려졌고 〈워싱턴포스트〉 기자 출신인 블레인 하든 씨가 쓴 그의 영문판 자서전《14호 수용소 탈출》도 전 세계로 팔려 나갔다.

북한은 그를 그대로 두지 않았다. 대남선전매체인 '우리민족끼리'는 그해 11월 신 씨의 아버지(70)를 등장시켜 신 씨를 '거짓말쟁이', '강간범', '도둑'이라고 비난했다. 신 씨가 정치범수용소에서 태어나지 않았으며, 특히 14세 때 어머니의 탈주 모의를 신고한 뒤 포상을 기대했지만 오히려 심한 고문을 받았다는 가장 충격적인 주장도 사실이 아니라고 했다.

신 씨는 처음에 이를 부인했다. 11월 30일자 미국 〈워싱턴포스트〉 칼럼을 통해 "아버지가 계속 고통받고 있는 것에 대한 죄스러움에도 불구하고 나는 입을 다물지 않을 것이다. 정의롭지 않은 것이 정의로운 것을 덮을 수는 없다"고 주장했다. 이어 "바깥세상의 모든 이들처럼 나는 아직 북한 정치범수용소에 있는 이들에 대한 의무가 있다"며 북한 당국의 협박에 굴하지 않고 처참한 인권 실상을 계속 폭로하겠다는 뜻을 밝혔다. 자신의 아버지를 선전 영상에 출연시킨 데 대해 "돌아가신 줄로만 알았던 아버지로 하여금 거짓말을 하도록 강요하기 위해 북한 정권이 아버지를 계속 고문하고 있음을 알게 됐다"고 말했다. 그러면서 "아버지를 보니 북한을 방문하고 싶은 생각이 간절하다"며 "하지만 그것은 14호 정치범수용소에 대한 조사를 포함한 공개 방문이어야 한다"고 주장했다.

하지만 북한 주장을 입증하는 객관적인 주장들이 잇따라 신 씨는 2015년이 시작되면서 자신의 자서전에서 밝힌 일부 내용에 오류가 있음을 인정했다. 또 "북한 정치범수용소를 없애기 위해 진행해온 모든 노력과 활동을 중단할 수도 있다"고 밝혔다. 이 사건은 COI 리포트에 힘입어 활발하게 전개되던 미국 내 대북 인권 압박 노력에 큰 타격을 입혔다. 신 씨가 자서전 일부 내용에 대한 오류를 인정하자 북한 조선중앙통신은 신 씨의 주장이 담긴 북한인권조사위원회(COI) 리포트를 토대로 만들어진 유엔 북한인권결의안도 무효라고 주장했다.

신 씨와 함께 미국에서 북한 인권 문제를 제기하는 데 앞장서 온 그레그 스칼라튜 북한인권위원회(HRNK) 사무총장은 2015년 1월 21일 사무실에서 기자와 만나 "북한 인권에 대한 국제사회의 관심이 최고조에 달했을 때 이런 일이 일어났다"며 안타까워하고 아쉬움을 토로했다. 그는 "몇 가지 사실관계가 다르다 해도 탈북자 신동혁 씨가 정치범수용소 출신이라는 근본적인 사실에는 변함이 없다. 북한

인권을 세계에 알리는 데 그의 역할은 중요했다"고 하면서 "신 씨가 문제가 아니라 북한이 문제"라며 "만약 탈북자들의 증언에 문제가 있다면 정치범수용소에 대한 외부의 접근과 모니터링을 허하라"고 촉구했다. 다음은 일문일답이다.

**이번 사건의 파장이 클 것으로 보는가.**

"그가 정치범수용소 출신이라는 사실엔 변함이 없다. 14호 수용소(개천)와 18호 수용소(북창) 모두에서 시간을 보냈다. 그는 수용소에서 태어났고 어머니와 형을 밀고한 뒤 그곳을 탈출했다. 이것이 핵심이다."

**COI 리포트의 신뢰도까지 의심받을 사안인가.**

"신 씨 이야기는 보고서 400장 중 두 문단에 불과하다. 조사위는 서울, 도쿄, 런던, 워싱턴에서 4번의 청문회를 열었고 80명의 공개 증언을 청취했다. 240명의 비공개 증언까지 들었다. 여러 북한 인권단체가 만든 자료를 참고했다. 신 씨 한 사람의 이야기로만 만들어진 것이 아니다."

당시 COI 위원장이었던 마이클 커비도 21일 영국 일간지 〈가디언〉과의 인터뷰에서 "신 씨의 자서전 일부 번복 논란에도 불구하고 북한의 인권 유린은 명백하다"고 밝혔다.

**신 씨의 오류가 어디서 나왔다고 생각하나.**

"수용소에서 살아남는 과정에서 심각한 정신적 외상 후 장애(트라우마)를 얻은 것으로 보인다. 그가 과거의 모든 것을 시간대별로 기억하길 바라는 것은 무리다. 미국 전문가들과 언론도 그의 오류 인정에 처음에는 혼란스러워했으나 점차 이해하고 있다."

**이번 일이 향후 북한 인권 운동에 좋지 않은 영향을 미칠 것이라는 우려가 많다.**

"북한 인권을 알리는 데 신 씨의 사연은 중요하고 강력한 것이었다. 다만 이번 일로 신 씨를 거짓말쟁이 취급하는 사람들이 나올까 우려스럽다."

그의 우려대로 이후 신 씨는 공개활동을 하지 못하고 있다. 인권 문제를 앞세워 북한을 압박하자는 한미 양국 당국과 민간의 노력에도 차질이 불가피했다. 한편으로 당시 사건은 북한 인권 문제를 다루는 데 있어서 정직과 신뢰의 가치가 얼마나 중요한 것인지 깊이 고민하는 계기를 제공했다. 서울에서 이 문제를 유심히 지켜 본 〈동아일보〉의 탈북기자 주성하는 2015년 1월 27일자 '서울에서 쓰는 평양 이야기'에서 이렇게 지적했다.

"신 씨가 처음부터 진실을 이야기했다 해도 국제사회의 공분을 얻었을 것이다. 수용소가 존재했던 시절 북창 수감자들은 짐승보다 못한 가혹한 박해를 받았다. 신 씨의 책을 보면 그가 자라면서 들었을 과거 수용소 시절의 이야기가 자신의 체험담처럼 둔갑돼 있는 것 아닌가 하는 느낌이 든다. 10여 년 전에도 14호 정치범수용소 출신임을 주장하며 "그곳에서 기독교인들에게 쇳물을 부어 죽인다"고 했던 탈북 여성이 있었다. 하지만 그 역시 14호 출신이 아니다. 하지만 그는 거짓 간증으로 큰돈을 벌어 지금은 미국에서 상점을 운영한다고 한다. 북한 인권과 관련해 자극적인 거짓 증언은 진짜 증언까지 의심을 받게 하는 범죄이다. 거짓으론 악을 이길 수 없다."

**특파원 칼럼 2013/3/25** **북한 민주화 비용의 수익자 부담 원칙**

북한이 미국 본토를 표적으로 한 장거리 로켓 발사와 제3차 핵실험에 성공한 뒤 더 많은 미국인이 '북한 문제의 궁극적인 해법은 김씨 세습 정권의 교체와 남한이 주도하는 통일'이라는 주장에 공감하는 분위기다. 온건한 당국자와 전문가들이 "통일밖에 답이 없다"고 털어놓을 때마다 20년 동안 대화로 문제를 풀어 보려고 했던 미국인들의 낙심과 피로감이 얼마나 큰지 느낄 수 있었다.

미국인들이 '북한의 변화와 통일'을 위해 가장 중요한 수단으로 꼽는 것은 외부 정보의 주입과 유통이다. 북아프리카와 중동 민주화 과정에서 목격한 것처럼 바깥세상에 대한 객관적인 정보는 독재정권에 대한 북한 주민의 분노와 박탈감을 키우고, 이것이 아래로부터의 변화 동력이 될 것이라는 기대 때문이다.

(계속)

실제로 미국은 이를 위해 상당한 비용을 지불해 왔다. 2004년 미 의회가 북한인권법을 통과시킨 이후 미 행정부와 각종 기금은 북한 주민들에게 대북 전단(삐라)을 날리고 대북 방송을 내보내는 등의 활동에 앞장선 남한 내 민간단체 수십 곳에 많게는 한 해 500만 달러(약 56억 원) 이상을 지원했다.

하지만 미국의 지원금은 2011년 가을을 기점으로 급격하게 줄어들고 있다. 그레그 스칼라튜 미 북한인권위원회(HRNK) 사무총장은 "특별히 북한 민주화 운동 지원금만 줄인 것은 아니다. 눈덩이처럼 불어난 연방정부 재정적자 문제를 해소하기 위해 불요불급한 예산을 줄인 결과"라고 전했다.

특히 국무부 인권노동국(DRL)은 한국 단체들에 지원하던 연간 350만 달러 규모의 별도 기금 계정을 2011년 10월에 시작하는 2012 회계연도부터 아예 없애고 같은 돈의 지원 대상을 아시아 전체 국가의 민주화 운동 단체들로 확대했다. '서울대 지원 기금'을 '서울 소재 대학 지원 기금'으로 바꾼 것이다.

그 결과 한국 단체들에 돌아온 돈은 2012 회계연도에 100만 달러 이하, 2013 회계연도에는 20만 달러로 줄어든 것으로 파악되고 있다. 현재 5개 단체가 간신히 지원받고 있으나 이 중 3개가 올해 9월, 나머지 2개는 2014년 9월로 지원이 끊길 신세다.

의회의 지원을 받아 한국 단체들에 연간 135만 달러가량을 주고 있는

(계속)

전국민주주의기금(NED)은 '북한 민주화에 직접적인 영향을 주는 사업'으로 지원 대상을 좁혔고 북한 인권 실태 조사 사업은 올해 10월 지원이 끊긴다. 지난해 수십만 달러를 탈북자 단체들에게 지원했던 미 국제공화주의연구소(IRI)도 한국에서 곧 철수한다.

한국 정부와 민간의 외면 속에 북한 민주화에 투신해 온 단체 수십 곳은 문을 닫을 판이다. 반면 자신들의 실체를 발가벗기는 삐라와 라디오 방송에 신경질적인 반응을 나타내 온 북한 엘리트들은 춤을 출 것이다. 워싱턴 외교소식통은 "북한이 핵 국가 대열에 바짝 다가서 아래로부터의 변화가 가장 필요한 지금 미국의 재정위기로 북한 민주화 자금 지원이 줄어들고 있는 것은 아이러니"라고 말했다.

사정을 잘 아는 미국인들도 안타까움을 감추지 않는다. 하지만 '이젠 세계 10위 경제 대국이 되고 통일의 당사자요, 수익자가 될 한국이 나서야 할 때가 되지 않았느냐'고 말한다. 정부는 북한인권법을 제정하고 민간은 양지에서 활짝 핀 기부문화를 아직 음지에서 움츠리고 있는 북한 민주화 운동에 비출 때라는 것이다.

# 6

# 북핵 버리고 이란 푼
# ‘다자 개입주의’

오바마 대통령은 “미국은 세계 무대에서 언제든지 리더십을 발휘해야 하지만 미국의 군사행동이 모든 사안에서 우리 리더십의 유일한 선택도, 최선의 선택도 아니다”라면서 “우리가 좋은 망치를 들고 있다고 해서 모든 문제를 못으로 봐서는 안 된다”는 유명한 말을 남겼다.

★

버락 오바마 대통령의 대북정책은 기본적으로 대외정책의 연장선에 있었다. 2014년 5월 28일 뉴욕 주 웨스트포인트 육군사관학교 졸업식 축사를 통해 밝힌 '제한적 개입주의' 노선 역시 그러했다. 미국이 국제 분쟁 해결을 위한 지나친 군사적 개입과 고립주의의 회귀라는 양극단을 지양하면서, 중요 국제사안에 개입하되 관련국들의 힘을 모아 공동 대처하겠다고 밝힌 것이었다. 고립주의와 개입주의, 일방주의와 다자주의의 2×2 메트릭스에서 개입주의와 다자주의라는 조합을 선택한 것이다.

당시 오바마 행정부는 시리아 내전과 우크라이나 사태 등 주요 국제 문제에 소극적으로 대처해 공화당 등 보수진영에서 미국의 리더십을 약화시켰다는 비난을 받고 있었다. 하지만 오바마 대통령은

"미국은 세계 무대에서 언제든지 리더십을 발휘해야 하지만 미국의 군사행동이 모든 사안에서 우리 리더십의 유일한 선택도, 최선의 선택도 아니다"라면서 "우리가 좋은 망치를 들고 있다고 해서 모든 문제를 못으로 봐서는 안 된다"는 유명한 말을 남겼다.

2008년 경제위기 속에서 당선된 오바마 대통령은 조지 W 부시 행정부가 천문학적인 전비를 쏟아부은 이라크, 아프가니스탄 전쟁에서의 안정적인 철수를 제1공약으로 내세웠고 이를 지켰다. 그는 시리아와 우크라니아 사태에 대한 보수진영의 공격에 대해 "왜 모두들 군사력을 쓰고 싶어 안달인가. 막대한 예산을 해외 주둔 비용에 쏟아부은 10년 동안의 전쟁에서 이제 빠져나오지 않았는가(2014년 4월 28일 필리핀 순방 도중 정상회담 공동 기자회견에서)"라며 자신의 정책을 옹호했다. 이어 터진 이슬람국가(IS)의 발호에 대해서도 지상군 투입 대신 동맹국들과의 공습과 제한적인 특수부대 투입에 그쳤다.

오바마 대통령은 2013년 9월 24일 유엔 총회 기조연설에서도 "핵심 이익이 직접적으로 위협받지 않더라도 미국은 집단적 광기를 막고 기본적 인권을 보호하기 위해 우리의 역할을 할 준비를 하고 있다. 하지만 미국은 그 무거운 짐을 혼자 질 수도 없고 그래서도 안 된다"라고 말해 다시 한번 '다자주의적 개입주의'를 강조했다. 또 "(시리아의 경우) 내부 세력이든 외부 강대국들이든 군사적 행동으로 영속적인 평화를 달성할 수는 없다고 믿는다"라고 말해 국제적 갈등 해결에 무력 사용보다 협상과 외교적 노력이 더 효과적이라고 강조했다.

워싱턴에서 열린 6·25전쟁 정전 60주년 행사에서 연설 중인
버락 오바마 대통령(2013. 7. 27)

이 같은 다자주의적 개입주의와 외교적 해결 노력은 2009년 출범 이후 오바마 행정부가 견지해 온 국제정치 노선이었다. 한때 '팍스 아메리카나'를 구가했지만 지금은 과도한 군사 개입과 경제 위기로 국제정치 무대에서 상대적인 힘의 쇠퇴를 경험하고 있는 미국의 현실을 고려한 고민의 산물이기도 했다. 이 시점에 다시 3대 노선을 강조한 것은 시리아 사태 대응 과정에서 제기된 국내외 논란을 정리하고 향후 이란 핵문제와 이스라엘–팔레스타인 문제 해결 등에 필요한 정책 지침을 천명하기 위한 것으로 풀이된다.

미국은 여전히 '예외국가'이며 지구촌 곳곳의 문제에 간여할 수밖에 없다는 '개입주의' 원칙을 천명한 것은 시리아 공습 여부를 둘러싸고 국민 내부에 팽배했던 '신고립주의(neo-isolationism)' 경향을 염두에 둔 것으로 보였다. '다자주의'의 효용성을 크게 강조한 것은 미국 혼자 국제사회의 평화를 달성할 수 없다는 현실을 인정하는 동시에 '옛 냉전 시대의 적'인 러시아와 중국, 그리고 서방 측 파트너들의 협력을 촉구하기 위한 정치적 계산이 깔린 것으로 분석되었다.

오바마 대통령은 유엔 총회 연설에서 "이란의 핵무기 개발을 저지할 의지가 확고하지만 평화적 해결을 선호한다는 점을 취임 이후부터 이란 최고 지도자들에게 밝혀 왔다"고 말했다. 중도 성향의 하산 로하니 이란 대통령 정권에 힘을 실어 줘 무력이 아닌 대화와 협상을 통해 해결하겠다는 정책 방향을 밝힌 것이었다. 로하니 대통령도 이어진 기조연설을 통해 "미국과의 관계 개선을 희망한다"고 밝히며 오바마 대통령에게 화답했다.

오바마 대통령은 시리아가 화학무기 포기 약속을 번복하면 무력 사용과 제재 등 상응하는 결과가 따를 것이라는 점을 유엔 안전보장이사회 결의안에 규정해야 한다고 강조했다. 시리아의 이행을 담보하기 위한 강제력 부과 방안에 거부하는 러시아의 태도 변화를 촉구한 것이었다. 오바마 대통령은 "지금은 냉전시대가 아니고 (시리아 사태 해결은) 제로섬 게임이 아니다"라며 블라디미르 푸틴 러시아 대통령의 협력을 요구했다. 또 "로하니 대통령의 선언에 대해 유럽연합(EU), 영국, 프랑스, 독일, 러시아, 중국과 긴밀히 협조할 것을 존 케리 국무장관에게 지시했다"라고 밝혔다.

한편 오바마 대통령은 현안의 외교적 해결을 강조하면서도 "미국은 중동 지역에서의 핵심 이익을 지키기 위해 무력 사용을 포함한 힘의 모든 요소를 사용할 준비가 되어 있다"며 국가 이익 수호를 위해 무력을 사용할 가능성을 배제하지 않았다. 동맹국들에 대한 침략이나 테러집단의 공격, 그리고 대량살상무기(WMD) 확산을 용납하지 않겠다는 점도 분명히 했다.

이처럼 오바마 대통령은 미국 대외정책의 주요한 축이자 파트너로 유엔을 활용했다. 유엔이 2차 세계대전 이후 집단안보를 모토로 창설된 다자주의적 안보협력 레짐인 점을 감안하면 당연한 이야기였다.

북한이 2012년 12월 12일 평안북도 동창리 미사일 발사대에서 장거리 로켓 은하3호를 발사하자 유엔은 다음 해인 2013년 1월 22일에 안보리 결의안 2087호를 채택했다. 이는 2006년 10월 9일 북한의 1차 핵실험과 2009년 5월 25일 2차 핵실험에 대응해 만들어진 1718호와 1874호보다 제재의 범위와 수위가 대폭 강화된 가운데 대북 제재 대상 및 품목을 확대하고 트리거(trigger) 조항을 넣었다는 것이 특징이었다. 조성욱 박사는 2018년 박사학위 논문에서 이른바 전략 도발에 대한 자동개입 조항을 넣어 향후 북한이 핵실험 및 미사일 발사를 할 때마다 반드시 결의안을 내도록 한 것이라고 평가했다.

2013년 2월 12일 북한의 3차 핵실험에 따라 자동적으로 체결된 안보리 결의안 2094호(2013년 3월 7일 채택)에는 금수품목을 적재한 항공기에 대해서도 각국이 이착륙과 영공 통과를 허가하지 않도록 하는 항공 관련 제재가 처음으로 포함되었다. 핵이나 미사일 개발에 사용될 가능성이 있는 현금 및 금융자산의 이동이나 금융서비스 제공 금지 등도 회원국들에게 의무화했다.

북한이 3차 핵실험을 단행하자 미국뿐만 아니라 세계 80여 개 나라가 규탄 성명을 내는 등 한목소리로 북한을 비난했다. 한 달 뒤인 3월 12일 버지니아 한식당 우래옥에서 워싱턴 특파원들과 만난 미국의 한반도 정책 핵심 당국자 A는 "미국은 북핵 저지를 위해서 단독 제재는 물론 국가 간 연대, 북한 인권과 경제 등에 대해서도 전방위 압박을 가하고 있다. 세계 80여 개 나라가 북한을 비난한 것은 대단한 일"이라고 자랑했다.

세계 각국은 북한 인권 문제에 대해서도 유엔을 무대로 힘을 모으기 시작했다. 2014년 10월 10일에는 김정은 등 북한 지도부를 겨냥한 유엔 북한 인권 결의안 초안에 '국제형사재판소(ICC) 회부'뿐만 아니라 인권 침해 책임자 제재 방안도 포함된 것을 확인해 보도했다. 당시 결의안 초안은 한국을 포함한 50여 개국에 비공개로 회람되고 있었다.

초안은 "북한인권조사위원회(COI)가 수집한 증언들과 입수한 정보들은 북한에서 반(反)인권 범죄가 자행돼 왔음을 믿을 만한 합리적인 근거를 제공하고 있음을 인정한다"면서 △ 북한의 인권 상황을 ICC에 제소하고 △ 반인권 범죄에 가장 책임이 있어 보이는 이들을 선별 제재(targeted sanctions)할 것을 고려하라고 권고했다. 또 "북한의 반인권 범죄가 국가 최고위층(the highest level of State)이 수립한 정책에 따라 수십 년 동안 자행됐다"고 밝혀 제재 및 제소 대상이 김정은 제1비서를 비롯한 북한 최고 권력집단임을 시사했다.

결의안이 채택되더라도 북한은 ICC 관할국이 아니어서 김 제1비서 등을 ICC 법정에 세우기는 현실적으로 어렵지만 여행 제한이나 자금 동결 등의 제재는 각국의 의지에 따라 실현될 수도 있는 문제였다.

이에 대해 유엔 주재 북한대표부는 그달 9일 자국 인권과 관련한 결의안을 자체적으로 만들어 유엔총회에 제출하는 절차를 밟겠다고 밝혔다. 북한대표부는 각국 유엔대표부에 보낸 서한에서 "EU와 일본의 결의안 초안은 곧 (북한과의) '대결'을 의미한다"며 반발했다.

유엔 안팎에선 북한의 결의안 초안이 소관 위원회에 제출될 가능성은 거의 없다고 보는 시각이 많았다. 북한의 결의안이 소관 위원회조차 통과하지 못하면 더 큰 망신만 당할 수 있었기 때문이다.

하지만 유엔 주재 북한대표부는 사전 배포한 결의안 개요를 통해 "특정 국가의 인권상황을 문제 삼는 유엔인권이사회(HRC)의 관행을 끝내야 한다"고 강변한 것으로 확인됐다. 〈동아일보〉가 11일 단독 입수했던 A4용지 2쪽짜리 결의안 개요는 "HRC의 보편적 정례검토(UPR) 작업이 협력과 건설적 대화를 기반으로 다시 활성화되는 것을 지지한다"면서 이같이 주장했다. 이어 "인권 분야에 국제형사재판소(ICC) 체제를 끌어들이는 모든 시도를 비난하고 반대한다"고 밝혔다. 아울러 자국의 인권개선 노력을 자화자찬하면서 "인권 문제는 각국의 정치적·역사적·사회적·종교적·문화적 특수성에 따라 공정하게 다뤄져야 한다"고 강조했다. 3대째 내려오는 김씨 일가의 수령절대주의 독재체제 차원에서 자행되고 있는 주민 인권 유린을 '체제 특수성'이라는 미명 아래 눈감아 달라는 주장인 셈이었다.

북 유엔대표부가 자성남 대사 명의로 6일 각국 유엔대표부에 보낸 서한에 첨부된 결의안 개요는 유엔과 국제사회를 상대로 활발한 인권 대응 공세를 펴고 있는 북한의 노림수가 김정은 노동당 제1비서 등 북한 최고지도부의 ICC 피소를 막기 위한 것임을 시사했다. 이수용 외무상의 유엔 방문과 총회 연설(9월 27일), 내외신 기자들에 대한 사상 첫 인권 설명회 개최(10월 7일) 등을 통해 북한이 인권 문제에 적극 대응했던 것은 ICC 제소를 막으려는 '충성외교'였던 셈이다. '최고 존엄'으로 신격화된 김정은이 ICC에 제소되는 것은 북한이 헌법보다 중요하게 생각하는 '유일사상 10대 원칙'에 정면으로 위배되는 일이었기 때문이다.

하지만 미국은 이렇게 형성된 국가 간 협력 시스템을 효과적으로 결집시키지는 못했다는 평가를 받았다. 대표적인 것이 북한의 외국인 노동자 해외파견 문제였다. 유엔과 미국의 대북 제재망이 좁혀오자 북한은 중국과 러시아, 중동과 아프리카 지역 등에 값싼 근로자를 파견하고 임금을 수탈하는 달러 조달 방식을 개발했다.

아산정책연구원의 신창훈 연구위원과 고명현 연구위원은 2014년 11월 21일 미국 워싱턴 스팀슨센터에서 '유엔 북한인권조사위원회(COI) 리포트 발표 이후의 북한 인권' 리포트를 발표하면서 "지난해 1월 현재 북한의 해외 노동자는 5만~5만 3,000명으로 추산된다"며 북한이 노동자 해외파견을 통해 얻는 수입에 대해 "연간 5억~6억 달러(약 5,550억~6,660억 원) 이상일 것"이라고 예측했다. 북한은 세계 16개국에 노동자를 파견하고 있는 것으로 파악됐다. 가장 많이 파견한 곳은 러시아(2만 명)와 중국(1만 9,000명)이었고 몽골(1,300명 이상), 쿠웨이트(5,000명), 아랍에미리트(2,000명,) 카타르(1,800명), 앙골라(1,000명) 등이 뒤를 이었다. 노동자 한 명이 매월 1,000달러씩을 벌지만 개인이 120~150달러를 받고 국가가 850~880달러를 떼어 간다고 가정했을 때의 추산이었다.

보고서는 "이들은 규정에 따른 노동 계약을 맺지 못하거나 직접 임금을 받지 못하는 것은 물론이고 여행의 자유를 박탈당하거나 상시적 감시와 통제 아래 놓여 있다"고 지적하면서 국제사회가 인권 침해를 이유로 제재의 회초리를 들어야 한다고 주장했다. 도널드 트럼프 행정부는 국제사회의 이 같은 주장을 받아들여 2017년부터 북한의 노동자 파견을 차단하는 외교적 노력에 성과를 거두었다.

하지만 당시 오바마 행정부의 생각은 다소 안이했다. 아산정책연구원의 보고서가 발간된 뒤 사석에서 만난 미국의 한반도 핵심 당국자 B에게 "왜 노동자 파견 명목으로 북한에 달러가 흘러들어가는 것을 막지 않느냐"고 질문했다. 이 당국자는 "그것을 막는 데 들어가는 외교적 노력에 비해 막을 수 있는 금액이 미미하다"고 잘라 말했다. '투입 대비 효과'가 나오지 않는다는 것이었다.

한미일 3국 6자회담 수석대표들은 2015년 5월 서울 회동에서 이 문제를 인권 문제의 차원에서 다루기로 합의했다. 성 김 미국 측 수석대표는 "북한이 진정성 있는 외교적 노력을 모두 거부해 대북 압박 강화 이외의 다른 선택권을 주지 않았다"고 말했다. 이에 따라 북한 해외 근로자들의 대북 송금 동결방식에 대한 검토 작업이 본격화될 것으로 기대됐다. 유엔 차원의 북한 인권 문제 논의도 활기를 띨 것으로 전망됐다. 2014년 유엔 안전보장이사회는 북한 인권을 언제든 의제로 다룰 수 있도록 합의했고 국제형사재판소(ICC)에 회부

할 길도 열어 놓은 상황이었다. 하지만 자국 내 인권 상황이 열악한 중국의 북한에 대한 인권 압박에 미온적이어서 논의는 활발해지지 못했다.

특히 3차 핵실험 이후 북한이 전략도발을 하지 않으면서 오바마 행정부는 북핵 문제 해결보다는 '투입 대비 효과'가 있는 이란 핵문제 해결에 올인하기 시작했다. 이란 최고 지도자인 아야톨라 세예드 알리 하메네이가 2015년 6월 23일 국영방송 연설을 통해 이란 핵협상의 3대 최종 쟁점과 관련해 서방이 받아들이기 힘든 '최후 가이드라인'을 명확히 밝히자 일주일 뒤(6월 30일)로 예정됐던 협상의 정상적인 타결은 물 건너간 것처럼 보였다.

하메이니가 내세운 조건은 △ 국제원자력기구(IAEA)의 이란 군사시설 사찰 금지 △ 핵협상 타결과 동시에 국제사회의 대 이란 제재 해제 △ 평화적 핵 기술 연구·개발(R&D) 제한 금지 등이었다. 이란은 2015년 4월에 미국을 비롯한 국제사회(5P+1 · 유엔 안전보장이사회 상임이사국+독일)와 '포괄적공동행동계획(JCPOA)'이라는 이름의 잠정협상을 타결한 직후부터 이들 문제에 이견을 제기하며 '벼랑 끝 전술'을 펴 왔다.

특히 군사시설에 대한 사찰 문제가 핵심이었다. 국제사회는 과거의 이란 핵무기 개발 실태를 확인하기 위해 IAEA의 사찰이 반드시 필요하다고 주장했고 이란은 이것을 주권 침해라며 절대 받아들일 수 없다고 반발해 왔다. 사찰의 방식도 국제사회는 모든 시설에 대한 강제적인 방식을 요구했고, 이란은 선별적이고 자발적인 형태를 강조해 왔다.

이란은 또 최종 협상 막판에 '유엔 안전보장이사회의 이란 무기 금수 조치 해제' 카드를 들고 나왔다. 유엔 안보리는 2006년부터 이란의 핵개발 의혹에 대응해 이란 무기 금수 제재 결의안을 통과시켰다. 이란과 국제사회 간에 무기 매매와 탄도미사일 관련 기술 유통이 핵심이었다. 시아파의 맹주인 이란이 레바논과 시리아, 예멘과 팔레스타인 등의 테러리스트들에게 정치적·군사적 지원을 하지 못하도록 막기 위한 조치였다.

이란은 1990년대부터 북한에 우라늄 농축 기술을 이전하는 대신 북한이 가진 대륙간탄도미사일(ICBM) 기술을 이전받고 있었다는 의혹을 받아 왔다. 미국은 이란이 북한과 함께 ICBM으로 미국 본토를 공격할 수 있는 가능성이 있다는 이유로 그동안 이란의 핵·미사일 프로그램 개발을 저지해 왔다. 핵무기와 미사일은 불가분의 한 쌍이었기 때문이다.

이란 측은 "핵무기를 포기하는 마당에 국가안보에 필수적인 통상 병기와 탄도미사일까지 손발이 묶이는 것은 부당하다"며 유엔 안보리 제재 해제를 강하게 요구했다. 기존 3대 쟁점에 무기 금수 해제 문제까지 최종 협상은 7월 7일, 10일, 13일, 14일로 네 차례나 시한이 연기되며 막판까지 고전을 거듭했다.

국제사회의 인내심이 한계에 다다를 무렵, 14일 오전 오스트리아 빈에서 터져 나온 최종 합의 소식은 그야말로 기대 이상이었다. 양측은 막판의 네 가지 쟁점을 대화와 협상으로 깔끔하게 정리하면서 109쪽에 달하는 정밀한 합의문 전문을 공개했다.

우선 이란은 군사시설을 포함한 모든 핵 의심 시설에 대한 IAEA의 사찰을 받아들였다. 국제사회가 필요하면 언제든 어느 곳이나 사찰을 허용하겠다는 것이었다. 이란은 그동안 공개를 거부해 온 중부 파르친의 고폭(기폭) 장치 실험시설을 국제 사찰단에 공개하는 것은 물론 핵 프로그램에 참여한 과학자 인터뷰까지 양보했다. IAEA는 지금까지 베일에 가려 있던 2003년 이전 이란의 핵 활동을 포함해 이란 핵시설과 인력에 대한 사찰 결과를 12월 15일경 양측에 제출할 계획이라고 밝혔다.

이란이 특정 시설을 은닉하고 고의로 사찰을 거부할 경우에 대비한 안전핀도 마련됐다. 이란이 미신고 시설에 대한 IAEA의 사찰 요구를 거절할 경우 협상 당사국 7개국에 유럽연합(EU)으로 구성된 합동위원회가 7일 동안 이란의 거부 사유를 검토하도록 했다. 5개국 이상이 IAEA의 손을 들면 이란은 사찰을 받아들여야 하고 거절하면 금융·경제 제재가 되살아나는 불이익을 받아야 하는 것이었다.

최종 합의안은 또 이란에 대한 무기 금수조치를 5년, 탄도미사일 제재는 8년 동안 유지하도록 했다. 이란은 비록 '즉시 해제'는 얻어내지 못했지만 제재의 종료 시점을 확약받는 성과를 거뒀다.

미국과 국제사회는 이란이 일정한 비핵화 의무를 이행할 경우 내년 초부터 금융 및 경제 제재를 풀겠다고 약속했다. '언제 어떤 조건에서 금융·경제 제재를 해제해 줄 것이냐'를 명확히 해 달라는 이란 측의 요구를 받아들인 것이다. 하지만 제재가 해제된 뒤에도 이란이 남은 비핵화 의무를 다하지 않을 경우 65일 안에 금융 제재를 다시 가하도록 했다. 이란은 평화적인 원자력 이용권이라는 '당근'도 확약받았다. 이란이 나탄즈 시설에 국한해 신형 원심분리기 연구를 계속할 수 있게 된 것도 협상의 산물이었다.

최종 합의안에는 현재 2~3개월로 추정되는 이란의 핵개발 '브레이크아웃 타임(핵무기 1개를 만드는 데 드는 핵물질을 얻는 데 필요한 시간)'을 1년 이상으로 늘리도록 한 잠정 합의 내용이 그대로 반영됐다. 구체적인 방식은 세 가지로 ① 우라늄 농축용 원심분리기를 초기 모델만 남기는 형태로 감축하는 것, ② 농축우라늄 재고를 감축하는 것, ③ 중수로에서의 플루토늄 생산을 원천적으로 차단하는 것이었다.

우선 이란은 현재 가동 중인 우라늄 농축용 원심분리기 1만 9,000기 가운데 1세대형 초기 모델인 6,104개만 남기는 데 합의했다. 이란이 보유하고 있는 저농축 우라늄 1만kg은 러시아에 판매하는 등의 방법으로 300kg으로 줄이기로 했다.

그동안 국제사회가 의심의 눈초리를 보냈던 포르도 지하 핵시설도 핵물리학 연구센터로 바꾸기로 했다. 아라크 중수로는 플루토늄 생산이 거의 불가능한 경수로로 바꾸기로 했으며 중수로 원자로는 폐기하여 국외로 반출하고 사용 후 핵연료 역시 원자로의 가동기간(약 30년)에 이란 밖으로 내보내기로 했다. 최종 합의에는 이란이 수년 동안 핵무기 생산에 필요한 기폭장치 등 핵탄두의 설계와 실험을 하지 않는다는 조항이 들어갔다. 3개월 전 잠정합의에는 없었던 내용이었다.

오바마 대통령은 2015년 7월 14일 오전, 이란 핵협상이 공식 타결될 직후 백악관에서 성명을 발표하고 "이란이 핵무기를 개발할 수 있는 모든 경로를 차단했다"며 "미국의 외교는 의미 있고 실질적인 변화를 가져왔다. 이번 협상은 미국 리더십의 전통과 궤를 같이 한다"고 자평했다. 전쟁이 아닌 외교, 대화와 타협을 통해 이란의 핵무기 개발 의지를 근본적이고 장기적으로 차단한 이번 협상을 미국 외교의 승리로 본 것이었다.

오바마 대통령은 "이번 합의는 이란과의 관계에서 새로운 방향으로 나아갈 수 있는 기회를 제공하고 있다"며 "우리는 기회를 놓치지 말아야 한다"고 강조했다. 이어 "이란과는 현실적인 입장 차를 갖고 있으며 (양국 사이의) 어려웠던 역사를 무시할 수는 없다"며 "그러나 변화는 가능하다"고 덧붙였다.

당시 협상을 지켜본 많은 한국인들은 '이란이 북한의 미래가 될 수 있을까'라는 질문을 던졌다. 미국의 대답은 '될 수 있다. 하지만 북한의 근본적인 자세 변화가 필요하다'는 것이었다. 존 커비 국무부 대변인은 그날 "우리는 북한과의 협상이 진정성 있고 신뢰할 수 있으며, 북한 핵 프로그램 전체를 겨냥하고, 구체적이고 되돌릴 수 없는 비핵화 조치들로 귀결된다면 협상에 나설 준비가 돼 있다"고 말했다. 이어 "이란 핵협상 타결은 우리가 오랫동안 갈등을 빚어온 국가들과도 대화할 의지가 있음을 분명히 보여 준다"며 "그러나 이란과 북한 상황을 직접적으로 비교하는 것은 조심스럽다"고 선을 그었다.

실제로 이란과 북한은 많은 점에서 차이가 있었다. 이란 지도부의 정치적 결단을 이끌어 낸 국제사회의 경제 제재는 북한에 대해서는 큰 힘을 발휘하지 못했다. 이란이 원유 수출과 소비재 무역 등을 통해 국제사회와 활발한 경제관계를 유지했던 것에 비해 북한은 후원국인 중국에 의존한 채 대외고립 정책을 고수했기 때문이다. 핵 실험을 세 차례나 하고 비핵화 협상 세 라운드를 모두 박차고 나간 북한의 신뢰도는 제로에 가까웠다.

이런 상황에서 임기를 2년도 채 남기지 않은 오바마 행정부가 쿠바와 이란에 이어 북한과의 관계 개선에 나설 것이라든지, 핵개발과 경제 발전을 동시에 이루겠다는 김정은이 어느 날 갑자기 핵을 포기하기로 마음을 바꿀 거라고 기대하는 것은 '희망적 사고'에 불과했다. 오히려 중국의 경제위기가 심화돼 중국의 대북 지원이 줄어들고, 경화 수입이 줄어든 북한이 어쩔 수 없이 국제사회에 손을 벌리고 나서는 것을 기대하는 것이 현실적인 상황이었다.

트럼프 대통령이 집권 2기인 2018년에, 전임자 오바마 대통령과 정반대로 이란과의 비핵화 협상을 파기하고 북한과 비핵화 협상에 나선 것은 미국 외교정책에 남을 거대한 정책선회였다. 트럼프 대통령은 2015년 7월에 미국, 영국, 프랑스, 독일, 러시아, 중국 등 6개국이 이란과 합의를 이룬 지 2년 10개월 만인 2018년 5월 8일 백악관에서 기자회견을 열어 "이란 핵합의는 일방적이며 재앙적이고 끔찍한 협상으로, 체결되지 말았어야 했다. 합의에서 탈퇴한다"고 밝혔다. 그는 현장에서 곧바로 대(對)이란 제재를 재개하는 행정명령에 서명하면서 "이란에 최고 수준의 경제 제재를 가할 것"을 다짐했다.

그는 "이란이 핵프로그램에 대해 거짓말을 했다는 명백한 증거가 있다. 이 합의로는 이란의 핵폭탄을 막을 수가 없다"고 탈퇴 배경을 설명했다. 이것을 당시 언론들은 북한에 대한 강력한 메시지라고 해석했다. 북한과 협상하여 비핵화 합의를 이룰지라도 거짓말을 했다는 증거가 나오면 언제든 깰 수 있다는 점을 명백히 밝혔던 것이다.

# 워싱턴의
# 대화기피 증후군

북한의 '2·29합의' 파기로 오바마 행정부가 받은 충격은 상당했다. 2기 출범 이후 대북정책 당국자들은 '북한과 대화를 위한 대화는 하지 않는다'는 원칙을 강조할 때마다 당시 합의 파기를 사례로 들었다.

★

2013년 4월 넷째 주의 시작이었던 22일 월요일은 미국 워싱턴에 북한 문제를 둘러싼 대화의 분위기가 활짝 핀 봄꽃만큼이나 완연한 하루였다. 이날 오후 3시 미국 워싱턴의 국제전략문제연구소(CSIS)가 주최한 한미 원자력협정 관련 세미나에 발제자로 나선 게리 세이모어 전 백악관 국가안보회의(NSC) 대량살상무기 조정관은 한 시간 정도의 발표와 토론이 끝난 뒤 기자와 만나 최근 한반도를 둘러싼 대화 무드에 대해 "북한의 도발 사이클이 끝나고 대화 사이클이 시작된 것"이라고 거침없이 말했다.

버락 오바마 1기 행정부의 대북정책 핵심 참모였을 때는 기자들 앞에서 지극히 말조심을 하던 그였지만, 백악관을 나와 하버드대 벨퍼 국제관계연구소장으로 변신한 직후인 만큼 민간 북한 전문가로

워싱턴에서 열린 '아산 워싱턴포럼 2013'에 참가한
게리 세이모어 전 백악관 국가안보회의(NSC) 대량살상무기 조정관(2013. 6. 25)

서 발언의 자유를 마음껏 누리고 싶은 듯했다. 오랜 백악관 생활이 몸에 밴 듯 그의 상황 판단과 전망은 당국자의 기풍 그대로였다.

"미국과 한국 등 동맹국들이 양자대화, 궁극적으로 6자회담의 재개를 위해 어떤 조건을 요구할 것인지가 가장 문제다. 사견이지만 말로는 충분하지 않다. 북한이 '미국이 적대적인 태도를 버리면 대화에 나설 준비가 돼 있다'고 말하는 것은 설득력이 없다. 북한의 슬픈 역사를 되돌아 볼 때 핵 실험이나 미사일 발사실험을 하지 않겠다고 하는 행동이 필요하다."

그는 "한미 연합군사연습이 끝나는 4월에 북한이 협상을 재개할 준비가 돼 있다는 메시지를 보내올 것이라고 생각해 왔다"며 "중국이 추가 도발을 중단하라고 막후에서 강하게 압력을 넣고 있기 때문"이라고 말했다. 이어 "만일 북한이 추가로 무수단 미사일 등을 발사한다면 유엔과 한국 일본 등이 제재를 강화하게 될 것"이라고 경고했다.

이 책이 다루고 있는 오바마 행정부 2기 3년 동안에 북한과 국제사회의 대화 분위기가 조성되지 않았던 것은 아니다. 북한은 과거처럼 전략도발을 한 뒤 한국과 미국을 상대로 대화 제의를 하며 도발에서 대화로 국면을 전환하려고 했다. 큰 파동은 두 차례였다. 2013년 2월 3차 핵실험을 한 뒤 4월부터 6월까지가 그랬고, 목함지뢰 사건이 터진 2015년 8월 이후가 그랬다. 2015년 하반기 대화공세는 12월 모란봉악단의 베이징 공연 추진까지 이어졌고 박근혜 정부는 금강산 관광 재개를 꿈꾸기도 했다. 하지만 결과는 과거와 다르지 않았다. 북한은 대화를 하면서 시간을 벌며 도발을 준비했고 2016년 1월 6일 4차 핵실험을 하면서 2년에 가까운 핵 무력 완성 국면 장기 도발을 감행했다. 이어지는 2018년 대화 국면의 진정성을 의심하기에 충분한 전력이었다.

이 장에서는 북한의 전형적인 도발→대화 국면으로의 전환시도를 보여 주는 2013년 상반기의 상황을 자세하게 서술하고, 이에 대해 오바마 정부가 '원칙 있는 대화'를 고수하는 상황을 살펴보기로 한다.

세이모어 전 조정관이 발언하던 그날은 마침 중국 외교부 한반도 사무특별대표가 오랜만에 미국 방문 첫날 일정을 소화하던 때였다.

세이모어는 "미국과 북한의 중재자로서 중국의 역할을 어떻게 생각하느냐"는 질문에는 "전통적인 역할을 하고 있다. 중국은 가능한 대화 조건을 줄이고 싶어 하고 미국은 보다 더 의미 있는 조건을 원하고 있다"며 "글린 데이비스(미국 대북정책 특별대표)와 우다웨이가 조건들을 놓고 협상하고 있을 게 분명하다"며 웃었다.

실제로 잠시 후 오후 5시경 데이비스 특별대표와의 만남을 마치고 워싱턴 국무부 청사를 나서던 우 특별대표는 현관에서 기다리고 있던 아시아 기자들에게 "이제 막 시작됐을 뿐이다"라는 한마디를 남기고 황급히 사라졌다. 아직 미국과 북한의 대화 조건이 턱없이 차이 나는 상황에서 특별하게 말할 수 있는 것이 없다는 취지였지만 어쨌든 북미 간 대화가 시작됐다는 상징적인 표현이었다.

이뿐만이 아니었다. 같은 날 오후 로버트 킹 미국 대북인권 특사는 오랜만에 국무부에 출입하는 일군의 기자들을 일부러 불러 모아 간담회를 가졌다. 당연히 기자들은 대북 식량 계획이 있느냐고 물었고 그는 "북한이 식량 지원을 요청하면 검토할 수 있다"는 원론적인 대답을 했다. 실제 지원할 필요가 있고, 다른 어려운 국가들과의 균형에 맞고, 필요한 주민들에게 공급된다는 모니터링이 가능할 경우라는 예의 세 조건도 명시했다. 하지만 북미 양국이 대화 조건을 모색하고 있는 상황에서 기자들을 불러 모아 식량 지원이라는 단어를 언급했다는 것 자체만으로 대북 메시지임이 분명했다.

북한의 당시 대화 국면 전환 시도는 박근혜 대통령의 대화 제의에 화답하는 형식으로 시작됐다. 박 대통령은 4월 11일 저녁, 청와대에서 열린 국회 국방위와 외교통일위원회 소속 새누리당 국회의원들과의 만찬에서 "한반도 신뢰 프로세스는 반드시 가동돼야 한다. 상황이 어렵더라도 '프로세스'이므로 항상 진행되는 것이다"라면서 "북한과 대화하겠다"고 말했다고 참석자들은 전했다. 박 대통령은 또 "한반도 정세와 상관없이 대북 인도적 지원은 계속하겠다"고 밝혔다. 정부 출범 이후 첫 남북대화 제의이자, 최근 남북 대치 국면에서 나온 가장 적극적인 화해 제스처였다.

취임 후 처음으로 한국을 방문한 존 케리 미국 국무장관도 다음날 "핵 없는 한반도를 위해 6자회담이든 양자회담이든 북한과의 대화를 원한다"고 밝혔다. 그는 박근혜 정부의 대북정책인 '한반도 신뢰 프로세스'에 대해 "(과거와) 다른 평화의 비전을 갖고 선출된 박근혜 대통령의 신뢰정치가 현실화되기를 희망한다"며 강한 지지 의사를 밝혔다. 로버트 킹 미 국무부 대북인권특사는 대통령 직속 자문기구인 민주평통이 11일 미국 보스턴에서 개최한 한반도 통일포럼에서도 사전에 배포한 발표문에 없던 대북 인도적 지원의 중요성을 강조했다. "남북이 통일되면 북한 주민의 건강이 중요한 문제"라며 "국제사회는 핵문제와 별개로 북한 취약계층을 위한 인도주의적 지원을 계속해야 한다"고 역설했다. 이어 대북 인도적 지원단체인 유진벨의 의약품 공급 사업을 예로 들면서 "이 같은 지원은 핵개발에 이용되는 것도 아니다"라고 말했다. 또 이들의 활동 때문에 국제사회가 북한 주민들을 돌보지 않고 있다는 주장을 반박할 수 있다고 강조했다.

케리 장관은 그러나 15일 도쿄(東京)공업대를 방문해서는 "미국은 진정하고도 신뢰할 만한 비핵화 교섭의 문을 열어 놓고 있지만 (상황 악화의) 책임은 북한에 있다. 북한은 이미 했던 약속들을 존중한다는 의미 있는 조치를 취해야만 한다"고 말했다. 의미 있는 조치란 2005년 9·19공동성명과 2007년 2·13합의 등 북한이 6자회담에서 합의한 각종 비핵화 관련 조치를 의미하는 것으로 '조건부 대화'의

워싱턴 한미 외교장관 회람을 마친 윤병세 외교부장관과 존 케리 미국 국무장관(2014. 1. 7)

원칙을 천명한 것이었다. 여기에 북한이 반응하면서 본격적인 북미간 말씨름이 시작됐다.

다음날 북한은 외무성 대변인 담화를 통해 "미국이 우리가 먼저 비핵화 의지를 보여 줘야 대화하겠다는 것은 우리의 법을 감히 무시하려 드는 오만 무례하기 그지없는 적대행위"라며 "대화를 반대하지 않지만 핵 몽둥이를 휘둘러 대는 상대와의 굴욕적인 협상에는 마주 앉을 수 없다"고 주장했다. 외무성 대변인은 "미국의 고위 당국자들이 대화 타령을 늘어놓고 있다"며 "이것은 미국이 마치 군사행동을 자제하고 대화를 원하는 듯 행세해 전쟁으로 치닫는 긴장격화의 책임에서 벗어나 보려는 교활한 술책에 지나지 않는다"고 주장했다. 특히 "미국이 대북 적대시 정책과 핵위협 공갈을 포기하지 않는 한 진정한 대화는 오직 우리가 미국의 핵전쟁 위협을 막을 수 있는 핵 억제력을 충분히 갖춘 단계에 가서야 있을 수 있다"고 주장했다.

이어 북한 국방위원회 정책국은 18일 성명에서 "미국이 우리에게 대화의 전제조건으로 비핵화 의지를 보이라고 줴쳐대고(지껄이고) 있는 것 역시 도발"이라며 "미국과 남조선 괴뢰들이 진실로 대화와 협상을 바란다면 다음과 같은 실천적 조치를 취해야 한다"고 말했다. 그 조치로는 △ 모든 도발 중지 및 전면 사죄 △ 핵전쟁 연습에 매달리지 않는다는 확약 △ 남조선과 주변 지역에서의 전쟁수단 전면 철수 등을 제시했다. 특히 북한은 "1차적으로 유엔 안보리 제재 결의를 철회해야 하며 바로 거기에 우리에게 보내는 선의의 실마리가 있다는 것을 명심해야 한다"고 주장했다. 또 "청와대의 안주인은 우리의 핵을 민족공동의 자산으로 떠받들고 있으면 앞길이 창창하지만 미국의 핵우산을 쓰고 있으면 망하고 만다는 것을 잊지 말아야 한다"고 덧붙였다.

존 케리 미 국무장관은 18일 상원 청문회에 나와 북한이 유엔 안전보장이사회 제재 철폐 등 미국과의 대화 조건을 제시한 것에 대해 "(협상을 위한) 첫수(beginning gambit)로 볼 준비가 돼 있다"고 말해 북한이 하기에 따라 또 대화에 나설 가능성이 있음을 내비치기도 했다. 하지만 조시 어니스트 백악관 부대변인은 같은 날 "미국은 (북한과의) 진정하고 신뢰 있는 협상에 열려 있다"며 "이를 위해 북한이 핵무기 포기(renouncing) 및 핵 프로그램 중단(discontinuing) 의무를 실질적으로 준수하려는 진지한 의도와 자세를 보여 줘야 한다. 또 이런 협상이 진전되고 결실을 보려면 북한이 국제 의무를 지킨다는 증거가 뒷받침돼야 한다"고 대화 조건을 명확하게 제시했다. '북한의 도발→보상·협상→재도발→재협상'을 거듭해 온 북핵 20년의 패턴을 되풀이하지 않겠다는 의지의 표현이었다.

이후 한국과 미국을 상대로 대화를 둘러싼 말싸움을 하던 북한은 오바마 대통령과 시진핑 국가주석 간 미중 정상회담을 하루 앞둔 2013년 6월 6일, 박근혜 정부 출범 이후 처음으로 남북 당국 간 대화를 제의했다. 북한의 대남기구인 조국평화통일위원회(조평통)는 이날 '특별담화'에서 "6·15를 계기로 개성공업지구 정상화와 금강산 관광 재개를 위한 북남 당국 사이의 회담을 가질 것을 제의한다"고 밝혔다. 또 "회담에서 필요하다면 흩어진 가족, 친척 상봉을 비롯한 인도주의 문제도 협의할 수 있을 것"이라고 말해 이산가족 상봉도 논의할 수 있음을 시사했다.

양측은 12일 서울에서 당국 간 회담을 열려고 했으나 성사시키지 못했다. 북측이 김양건 당시 통일전선부장을 대표로 파견키로 한 데 대해 남측이 차관급 대표를 내세우자 북한이 회담대표의 격(格)을 문제 삼아 회담을 거부한 것이다. 남측에 등을 돌린 북한은 닷새 만인 16일 미국에 북미 당국 간 고위급회담 개최를 전격 제안했다.

북한 국방위원회 대변인은 이날 중대담화를 통해 "조선반도(한반도)의 긴장국면을 해소하고 지역의 평화와 안전을 이룩하기 위해 조미(북미) 당국 사이에 고위급회담을 가질 것을 제안한다"고 밝혔다. 국방위는 북미회담의 의제와 관련해 "군사적 긴장상태의 완화 문제, 정전체제를 평화체제로 바꾸는 문제, 미국이 내놓은 '핵 없는 세계 건설' 문제를 포함해 쌍방이 원하는 여러 가지 문제를 폭넓고 진지하게 협의할 수 있을 것"이라고 말했다. 회담 장소와 시일에 대해서는 "미국이 편리한 대로 정하면 될 것"이라고 덧붙였다.

하지만 이 같은 북한의 대화 제의는 상대방인 미국이 당장 받아들일 수 없는 내용과 형식이었다. 미국은 그동안 '비핵화의 의지가 담긴 실질적인 행동'이 북미 대화의 전제조건이라고 일관되게 강조해 왔다. 북핵 6자회담 미국 측 대표인 글린 데이비스 국무부 대북정책 특별대표는 북한의 제의에 앞서 14일 이같이 강조하면서 "진정성 있고 신뢰할 수 있는 대화를 위해서는 북한의 진지하고 의미 있는 변화가 필요하다"고 촉구했다.

데이비스 대표는 이날 경남대와 미국 우드로윌슨센터가 워싱턴에서 공동 주최한 '제4차 워싱턴포럼' 기조연설에서 "미국은 대화를 위한 대화가 아니라 실질적인 문제인 북한 핵 프로그램 문제를 해결하기 위한 대화를 원한다"고 말했다. 핵과 미사일 프로그램 중단 등 자신들의 의무사항에 대해서는 언급하지 않고 "전제조건을 내세운 대화와 접촉에 대하여 말하지 말아야 한다"고 선을 그은 북한의 주장은 미국 측의 요구를 정면으로 무시한 것이라고 본 것이다. 워싱턴 외교 소식통은 "정말 대화를 원한다면 조용히 미국 측에 통보하면 될 것"이라며 "북한이 미국에 사전에 대화 제의를 했거나 암시했다는 이야기를 듣지 못했다"고 말했다. 해당 제의는 미국과의 사전 조율도 없이 일방적으로 이뤄진 것이라는 이야기였다.

대화 제의의 타이밍도 적절하지 않았다. 남북한의 대화 논의가 깨지는 것을 본 미국 측은 북한의 대화 의지에 대한 회의가 커진 상태였다. 반대로 협상 과정에서 북한에 매달리지 않은 한국 정부의 원칙 지키기에 대한 미국의 지지가 커졌다. 결론적으로 그런 상황에서 나온 북한의 대미 대화 제의는 전형적인 '전방위 위장 평화공세'로 평가됐다. 주변국에 전방위 대화 제의를 하면서 추가 핵개발에 필요한 물리적인 시간을 벌기 위한 것에 불과하다는 것이었다. 북한의 이러한 제의는 '나는 대화를 원했지만 외부세계는 이를 받아들이지 않았다'고 하면서 한반도 긴장의 원인을 미국과 한국 등으로 돌리며 추가 도발의 명분을 축적하기 위한 것으로 드러났다.

이후 미국은 북한과의 대화 재개 조건을 더 높여 제시했다. 미국은 2012년 2·29 북미 합의 당시 비핵화 사전 조치 외에 제2의 우라늄농축프로그램(UEP) 시설을 비롯한 추가 핵 프로그램의 공개 신고를 요구한 것으로 알려졌다. 한미일 3국의 6자회담 수석대표들은 그해 6월 19일 워싱턴에서 회담을 열고 이런 요구 조건을 포함하여 이른바 '2·29합의 + 알파(α)'의 구체적인 내용을 협의했다.

당시 정통한 외교 소식통에 따르면 미국은 북한이 이미 공개한 영변의 UEP 시설 외에 다른 곳에 존재하는 것으로 추정되는 UEP 프로그램의 공개를 대화 재개의 중요한 조건으로 내걸었다고 한다. 북한의 우라늄 관련 시설은 플루토늄과 달리 은닉하기 쉽고 추적이 어려워 정보당국도 파악에 어려움을 겪어 왔다. 미국은 2·29합의 내용 중 북한의 비핵화 조치 대가로 24만t의 영양(쌀, 밀가루 같은 식량이 아닌 취약계층을 위한 영양비스킷)을 지원해 주는 내용은 제외할 방침이었던 것으로 전해진다. 소식통은 "제2의 UEP 공개 신고가 '플러스 알파(+α)'라면 24만t의 영양 지원 제외는 '2·29합의의 마이너스 알파(−α)'라고 보면 된다"고 설명했다. 그만큼 북미 대화 재개 조건이 엄격하고 강경해졌다는 뜻이었다.

워싱턴 차관급 전략대화에 참석한 조태용 외교부 한반도평화교섭본부장(2014. 6. 24)

당시 한국 측 6자회담 수석대표였던 조태용 외교부 한반도평화교섭본부장은 "북한이 핵실험을 한 이후인 만큼 북미 대화 및 6자회담 재개를 위해서는 (2·29합의보다) 더 강화된 행동을 보여 줘야 한다는 데 3국 수석대표가 합의했다"고 밝혔다. 조 본부장은 "북한이 지난해 2·29합의를 깨고 두 차례 장거리 미사일 발사와 3차 핵실험을 해 신뢰가 땅에 떨어진 상태"라며 "국제사회가 '비핵화의 진전 가능성이 있다'고 믿고 대화에 나서려면 북한이 보다 진전된 행동을 보여 줘야 한다"고 말했다. 한미가 북한에 요구한 '+α'로는 제2의 UEP 시설 공개 외에 △ 북한이 영변에 건설 중인 경수로 건설의 중단 △ 핵

확산금지조약(NPT) 복귀 등도 거론됐다.

한미일 당국 내에서는 "2·29합의 +α라는 비핵화 사전 조치들은 북한을 6자회담을 비롯한 대화의 장으로 복귀시킨 뒤 궁극적으로 9·19공동성명을 준수하도록 하겠다는 단계적 접근 전략도 담고 있다"는 얘기가 나왔다. 2005년 6자회담 합의사항으로 발표된 9·19공동성명의 핵심은 '북한이 모든 핵무기와 현존하는 핵 계획을 포기하고 NPT와 국제원자력기구(IAEA)의 안전조치에 복귀한다'는 내용이었다. 하지만 화춘잉(華春瑩) 중국 외교부 대변인은 20일 정례 브리핑에서 "최근 한반도의 긴장 완화 분위기는 관련 당사국들이 공통으로 노력한 결과로 매우 어렵게 찾아온 것"이라며 한미일과 달리 '대화'를 강조하는 듯한 자세를 보였다. 그는 "한반도 주변에 형성된 긍정적 분위기를 소중히 여기고 조기에 6자회담을 재개할 수 있는 여건을 마련해야 한다"고 강조했다.

물론 북한은 이 같은 대화의 조건을 받아들이지 않았다. 이후 한미일 3국 6자회담 수석대표의 회동은 북한과의 대화를 적극적으로 모색하기보다는 북한과의 대화에 함께 나서지 않기로 약속하는 의식처럼 굳어져 버렸다. 2015년 5월 27일 서울 중구 롯데호텔에서 회동한 황준국 외교부 한반도평화교섭본부장, 성 김 미국 국무부 대북정책 특별대표, 이하라 준이치(伊原純一) 일본 외무성 아시아대양주국장은 "한미일은 강력한 대북 압박과 도발 억제를 위해 제재 실효성을 높이는 구체적 대화를 나눴다"고 밝혔다. 성 김 대표도 "북한

**한미일 6자회담 수석대표회의**

주기적으로 열린 한미일 6자회담 수석대표 회의는 북한과의 섣부른 대화에 나서지 않겠다는 다짐을 하는 자리였다. 위는 2014년 4월 8일 이하다 준이치 국장, 글린 데이비스 대표, 황준국 본부장의 모습이고 아래는 2015년 12월 4일 이사카네 키미히로 국장, 성 김 대표, 황 본부장의 모습이다.

의 심각한 인권 상황을 바로잡기 위해 국제사회와의 협력이 중요하다는 데 의견이 일치했다"고 밝혔다. 황 본부장은 앞으로도 6자회담 수석대표 회동에서 북한 인권 문제를 다룰 것이라고 덧붙였다.

미국과 북한이 서로 대화 가능성을 모색하는 2013년 당시의 워싱턴 분위기는 북한 비핵화를 둘러싼 20년 실랑이를 조금이라도 아는 독자들에게는 전혀 낯설지 않은 풍경이었다. 북한이 무수단 미사일 발사를 강행하지 않는 것으로 대화 의사를 주변국들에 비치고 6자회담 당사국 당국자들이 왔다 갔다 방문 외교를 하는 모습은 영락없는 20년 사이클의 판박이였다. 북한의 의도적인 대미 '벼랑 끝 전술'과 '맞대응' 카드가 정점에 달하면 미국과 중국 등 주변국들이 나서서 대화를 모색하는 전형적인 '위기관리 국면'의 풍경이었던 것이다.

하지만 2013년판 한반도 위기관리 국면이 과거와 달랐던 점은 여기에 이르는 '벼랑 끝 전술'과 '맞대응'의 내용이었다. 북한은 버락 오바마 대통령의 재선 성공 이후, 2012년 12월 미사일 발사와 2013년 2월 3차 핵실험이라는 '벼랑 끝 대치'와 '맞대응' 카드를 썼다. 2006년과 2009년에도 미사일 발사와 핵실험으로 미국을 대화의 장으로 끌어냈지만 기술적 수준은 그리 우려할 만한 정도가 아니었다. 하지만 당시 실험을 통해 북한은 미국 본토를 공격할 수 있는 사정거리 1만 km의 장거리 미사일 발사에 성공했다. 핵실험 역시 과거보다 폭발력이 대폭 증가했다고 국제사회는 평가했다. 도발과 대화 제의를 반복하는 것은 같지만 이를 반복함으로써 기술력이 높아지고 있는 것은 우려스러운 일이었다.

북한이 3차 핵실험에 대한 국제사회와 미국의 제재를 이유로 추가 맞대응을 하는 과정에서 '미국 본토 핵 공격 위협'과 '개성공단 조업 중단'이라는 새로운 카드를 활용한 것도 과거보다 한발 더 나간 것이었다. 이 방법은 먹혀드는 것 같았다. 북한이 3월 29일 인민군 전략로켓부대 회의와 '미국 본토 타격 계획'을 공개한 이후 척 헤이글 미 국방장관 등 당국자들은 북한의 도발 위협이 위험한 수준이라는 평가를 내놓기 시작했다. 이어 CNN 등 미국 상업방송들이 실제 북한의 대미 공격 가능성에 무게를 둔 선정적인 보도를 하루종일 하는 등 일종의 '안보 상업주의'에 몰두하면서 미국인들에게 '9·11'의 악몽이 되살아났다.

2013년 4월 4일 오후, 국무부 청사에서 〈동아일보〉와의 단독 인터뷰에 응한 케슬린 스티븐스 전 주한 미 대사는 "북한이 실제로 미국을 도발할 수 있을 것으로 보느냐"고 되레 기자에게 물었다. 기자가 "신종 공갈"이라고 하자 그는 "나도 그렇게 생각하는데

케슬린 스티븐스 전 주한 미 대사(2013. 4. 4)

많은 미국인이 실제 공격당할 것이라는 우려를 하고 있다"며 '우려' 했다. 택시 기사도, 미국 내 지인들도 자신을 만나면 북한의 실제 공격 가능성을 물어본다는 것이었다. 그해 4월 말까지도 미국의 택시 기사들은 한국인으로 추정되는 손님이 탈 때마다 "김정은은 나쁘고 이상하고 위험한 지도자"라고 운운할 정도였다.

이어진 북한 대화공세는 2011년 1월 미중 정상회담을 앞둔 대남 대미 대화공세와 기본적으로 유사했다. 북한은 2009년에도 장거리 미사일 발사와 2차 핵실험, 2010년 천안함 폭침과 연평도 포격 도발로 한반도 긴장을 극대화했다. 이에 미국과 중국이 정상회담을 통해 한반도 긴장 관리에 나서자 대화 국면 전환을 시도했다. 2011년 1월 19일 백악관에서 버락 오바마 미국 대통령과 후진타오 중국 국가주석이 정상회담에 나서기로 하자 적극적인 전방위 평화공세(peace offensive)를 편 것이다. 그들은 2011년 신년 공동사설에서 대화를 강조한 뒤 각종 대화 채널을 통해 남한의 문을 두드렸다. 미중 정상이 한반도의 평화와 안정, 긴장 완화, 비핵화를 위해 공동 노력하기로 했다는 공동성명을 채택한 지 10시간이 채 안 돼 남측에 전화를 걸어 대화를 제의한 것이다.

당시 평화공세가 추가 도발을 위한 시간 끌기에 불과했다는 것은 이후 역사가 증명하는 대로다. 미국은 이후 두 차례의 남북 비핵화 회담을 주선하고 세 차례의 북미 비핵화 회담에 직접 참여했다. 그 결과 북미 양국은 2012년 2월 29일 북한의 핵 활동 유예와 미국의 영양 지원을 맞바꾸는 중요한 합의에 이르렀다. 4월에는 장거리 미사일을 발사 카드로 사용하여 미국 백악관 당국자들을 한국 몰래 평양에 두 번이나 불러들이는 성과를 거뒀다. 하지만 북한은 그해 4월 13일 장거리 미사일을 발사하며 돌연 도발 국면으로 돌아섰다. 이후 남북대화 역시 진전 없이 표류했다.

북한의 '2·29합의' 파기로 오바마 행정부가 받은 충격은 상당했다. 2기 출범 이후 대북정책 당국자들은 '북한과 대화를 위한 대화는 하지 않는다'는 원칙을 강조할 때마다 당시 합의 파기를 사례로 들었다. 2015년 6월 워싱턴의 한 식당에서 일군의 특파원단과 만난 당국자 C는 "북한은 왕국이고 김정은은 어리다. 혹시 체면을 살려주면 나올지 모른다. 데니스 로드먼이 말한 것처럼 오바마 대통령이 김정은을 워싱턴으로 초대해서 이야기해 보면 어떠냐"는 질문을 받자 대뜸 이렇게 말했다.

"동양에만 체면이 있고 서양에는 체면이 없는 줄 아느냐. 그건 아시아 국가들의 선전선동일 뿐이다. 인간에겐 모두 체면이 있다. 나도 체면이 있고 자긍심(pride)이 있다. 미국도 그렇다. 우린 다섯 나라와 법적 동맹을 맺고 있다. 그런 나라의 대통령인 오바마가 북한에 구걸하고 다니면 되겠느냐. 당신들은 그걸 정말 바라느냐. 우리는 여러 차례 북한과 외교를 추구했지만. 북한은 길을 걸어 나갔다."

# 8

# 중국 껴안고
# 북한 변화시키기

주요 2개국(G2)인 미국과 중국이 경제적으로 너무나 밀접한 관계라는 점이 문제였다. 미국이 중국에 뭔가 싫은 짓을 하면 중국도 미국에 한 방 먹일 능력이 있었던 것이다. 이를 두고 오바마 행정부 2기가 출범하자마자 미국 내에서는 양국의 경제적 상호의존관계가 정치적 갈등을 상쇄할 것이라는 '상호확증경제파괴(MAED: Mutually Assured Economic Destruction)' 개념이 주목을 받았다.

★

워싱턴 특파원 마지막 해였던 2015년 봄, 버락 오바마 행정부의 핵심 외교 당국자 B와 어렵게 점심 식사를 하게 된 자리에서 평소 궁금했던 것을 물었다.

"오바마 행정부는 북한의 핵·미사일 개발 정책 포기를 위해 중국의 역할이 중요하다고 하면서도 어디까지나 중국의 선의에 의존하고 있습니다. 정말 중국이 북한에 대한 레버리지(지렛대)를 사용하게 하려면 중국이 싫어하는 어떤 것(중국 기업에 대한 세컨더리 보이콧·제3자 제재나 무역 전쟁 등)을 해야 하는 것이 아닌가요?"

당국자 B는 추호의 고민도 없이 이렇게 대답했다.

"오바마 행정부는 북한 문제를 해결하기 위해 중국과 외교적 마찰을 빚을 생각이 없습니다. (기후 변화와 이란 핵문제 등) 중국과 함께 해

워싱턴 메트로에 부착된 중국항공 광고물(2014. 9. 10)

결할 더 중요한 문제들이 많으니까요."

북한 문제 해결을 위한 이른바 '중국 역할론'에 대한 기대가 무안해지는 순간이었다. 북한 핵 문제의 특성상 북한에 대한 제재와 압박만으로는 문제가 해결되지 않을 것이 분명해진 때였다. 북한 '힘의 중심부'라고 할 수 있는 중국을 변화시켜 북한을 달래거나 압박하도록 해야 했다. 그러기 위해서는 중국이 싫어하는 어떤 것을 들고 베이징의 대북정책을 변화시켜야 했다. 중국은 무역과 인적 교류, 에너지와 식량 공급 등의 방식을 통해 사실상 북한의 생명줄을 쥐고 있었기 때문이었다.

그러나 주요 2개국(G2)인 미국과 중국이 경제적으로 너무나 밀접한 관계라는 점이 문제였다. 미국이 중국에 뭔가 싫은 짓을 하면 중국도 미국에 한 방 먹일 능력이 있었던 것이다. 이를 두고 오바마 행정부 2기가 출범하자마자 미국 내에서는 양국의 경제적 상호의존관계가 정치적 갈등을 상쇄할 것이라는 '상호확증경제파괴(MAED: Mutually Assured Economic Destruction)' 개념이 주목을 받았다.

이언 브레머 미 유라시아그룹 회장과 존 헌츠먼 전 주중대사는 2013년 6월 2일 〈뉴욕타임스(NYT)〉에 게재한 공동기고문에서 "좋건 싫건 미중 양국은 MAED의 형태로 묶여 있다"며 양국이 이해하고 양보하면서 갈등보다는 협력을 추진해야 한다고 주장했다. 냉전 시절 핵무기 개발 경쟁을 한 미국과 소련은 어느 한쪽이든 핵무기 공격을 하면 함께 공멸하는 '상호확증파괴(MAD)'와 '공포의 균형(balance of terror)'관계로 '더러운 평화'를 유지했다. 이에 빗댄 MAED라는 개념은 경제적 상호의존관계가 깊은 미중 어느 한쪽도 일방적으로 상대와의 경제관계를 단절할 수 없기 때문에 평화를 유지할 수 있고, 또 유지해야 한다는 논리였다.

'중국과 어떻게 잘 지낼 것인가'라는 제목의 기고문은 그달 7일과 8일 캘리포니아 주 휴양지 랜초미라지에서 열리는 미중 정상회담을 앞두고 버락 오바마 미국 대통령과 시진핑 중국 국가주석에게 제언하는 형식으로 쓰였다. 필자들은 "중국은 새로운 룰을 받아들이기보다 스스로의 룰을 만들 준비가 돼 있는 나라"라고 하면서 "반면 미국은 중국이 하기 싫은 일을 강제할 능력이 없다"고 지적했다. 이어 "양측은 서로가 절대 할 수 없는 일이 무엇인지 알아야 한다"며 중국이 당장 받아들일 수 없는 요구의 예로 선진국 수준의 이산화탄소 감축이나 일본과의 해상 영토분쟁 등을 들었다.

또 다른 미국의 유력지 〈워싱턴포스트(WP)〉도 같은 날 데이비드 이그네이셔스의 칼럼 '미국과 중국의 시험'을 통해 "2005년 하버드대 조셉 나이 교수는 스파르타와 아테네의 전쟁이 불가피한 것은 아니었고 현명한 정책과 협상으로 피할 수 있었다고 했다"며 미중 양국의 대화와 협력을 당부했다. 칼럼은 "2008년 금융위기 이후 중국이 미국식 자본주의에 회의적이었지만 지금은 미국식 모델에 근거한 더 많은 시장경제를 원한다"고 중국 측을 두둔하기도 했다.

당시 취임 후 처음으로 남북 아메리카 순방에 나선 시진핑 중국 국가주석은 오바마 미국 대통령과 정상회담을 하기 전인 5월 31일부터 트리니다드 토바고, 코스타리카, 멕시코 등 중남미 3개국을 순방했다. 시 주석은 5일 멕시코 상원 연설을 통해 "개발과 성장을 거듭하는 중남미는 현재 새로운 황금시대에 들어섰다"면서 "이는 중국은 물론 세계를 위해서도 바람직한 일"이라고 말했다. 전날 엔리케 페냐 니에토 멕시코 대통령과의 정상회담에서 시 주석은 멕시코와 중국의 포괄적 전략협력관계 구축에 합의했다.

중남미 국가들에게 시 주석은 세계경제 '큰손'의 위상을 마음껏

뽐냈다. 중-멕시코 정상회담에서 시 주석은 멕시코 국영석유회사에 10억 달러의 차관을 제공하고 무역 불균형 해소를 위해 멕시코산 제품 수입을 10억 달러 이상 늘리겠다고 약속했다. 2일 트리니다드 토바고의 수도 포트 오브 스페인에서 카리브해 지역 8개국 최고 지도자를 각각 만나서도 에너지·통상 투자 분야에서의 협력 확대를 약속했다. 트리니타드 토바고에 30억 달러의 차관을 제공하겠다고도 했다. 중국의 코스타리카 원조는 2006~2012년 1억 5,900만 달러로 같은 기간 미국의 6,970만 달러, 스페인의 8,400만 달러를 합친 것보다 많다고 관영 신화(新華)통신은 전했다.

주요 2개국(G2)인 중국의 국가 최고수반이 첫 미중 정상회담을 앞두고 미국의 뒷마당이라고 할 수 있는 중남미 국가들과의 관계 강화에 나선 것은 미국과 경쟁하는 모양새임을 부인할 수는 없었다. 이를 의식한 듯 NYT 브레머 회장과 헌츠먼 전 대사의 글이 실린 〈일요 리뷰〉는 섹션 톱기사로 '중국의 경제 제국'이라는 대형 오피니언을 배치했다.

《중국의 조용한 군대》의 공저자인 헤리베르토 아라우조(Heriberto Araújo)와 후안 파블로 카르데날(Juan Pablo Cardenal)이 쓴 공동기고문의 주장은 분명했다. '중국이 국가 자본주의를 무기로 세계경제에 지배권을 확대하고 있다'는 것이다.

"강하고 떠오르는 중국, 유럽과 아메리카의 경제 정체가 결합되면서 서방 세계가 점점 더 불편해하고 있다. 중국이 세계를 군사적으로 지배하지는 않지만 상업적으로는 점점 더 그렇게 하고 있는 것으로 보인다. (중략) 기업을 사들이고 천연자원을 싹쓸이하고 사회간접자본을 건설하고 전 세계에 돈을 빌려 주면서 중국은 부드럽지만 멈출 수 없는 형태의 경제적 지배를 추구하고 있다."

필자들이 말하는 '국가 자본주의'는 한국도 군사독재 시절 경험했던 그다지 어렵지 않은 개념이다. 공산당 독재, 정치적 사회주의 체제하에서 개인과 조직의 자본을 통제하는 중국 정부가 저리로 혹은 강제로 국내 자본을 흡수해 이를 정부와 국영기업의 이름으로 세계경제의 큰손 행세를 한다는 것이었다.

섹션의 6면과 7면으로 이어지는 기사의 나머지 내용은 세계 곳곳에서 '돈질'을 해 대는 '큰손 중국'의 사례들이었다. 특히 중국이 그린란드와 북극 지역 개발에 합의한 사례는 인상적이었다. 그린란드가 '최저임금보다 낮은 임금을 받는 외국인 근로자의 수입을 허용한다'는 입법을 하게 된 것은 오로지 유일한 투자자, 중국을 끌어들이기 위한 유인책이었다.

중국의 국가자본주의 시스템은 다른 어떤 국가와 기업도 감당할 수 없는 극지 개발의 위험을 감수할 수 있다. 중국 정부가 책임지고, 국영은행은 돈을 대고, 석유공사는 탐사하고, 중국 철도는 필요한 사회간접자본을 깐다는 것이다. 필자들은 "오로지 중국만이 극지 개발에 필요한 돈과 (천연자원에 대한) 필요, 경험과 정치적 의지를 가지고 있다"고 선언했다.

결론은 다분히 조심스럽고 부정적이었다. 필자들은 "중국의 권위주의적 정치 체제를 감안할 때 경제적 영향력이 커질수록 중국이 국제사회에 주는 정치적 위험도도 높아질 것"이라고 경고했다. 중국은 경제적 지렛대를 바탕으로 정치적 억압과 인권 등에 대한 국제사회의 비판을 피해가고 때로는 서방의 기준으로 문제가 많은 국가들에게도 경제적 지원을 한다는 지적도 잊지 않았다.

중국이 경제적 슈퍼파워로 떠오르고 있는 현실에서 출발해 '대중 견제론'과 '대중 협력론'이라는 서로 다른 것 같은 결론에 이른 NYT의 두 공동기고문은 '떠오르는' 중국을 목도하고 있는 '가라앉는' 미국의 고민을 반영하고 있었다. '국가자본주의'라는 편법으로 세계경제를 싹쓸이하는 중국, 그런 중국을 어찌하지 못하고 껴안아야 하는 미국의 슬픈 현실을 반영한 것이었다.

오바마 행정부 1기 국무부 부장관을 맡았던 제임스 스타인버그와 브루킹스 연구소의 아시아 지역 전문가인 마일클 오헨런 선임연구원은 2014년에 내놓은 《전략적 재보장과 결의: 21세기 미중관계》에서 오바마 행정부의 미중관계를 논리적으로 설명했다. 세계 최강의 미국과 떠오르는 권력 중국이 서로를 배려하며 경쟁하고 협력해야 한다는 취지

《전략적 재보장과 결의: 21세기 미중관계》의 표지

의 당위론적이고 이상주의적인 접근이었지만 '다자주의적 개입주의' 하에서 중국을 보는 미국의 시각이 담겨 있었다. 결론 부분에 나오는 '죄수의 딜레마' 비유는 전 내용을 함축적으로 드러냈다. 그 내용은 다음과 같다.

"떠오르는 힘으로서 중국은 미국과 주변국들에게 자신의 국가안보 추구가 다른 국가의 그것을 희생하지 않을 것이라는 점을 증명해야 할 특별한 의무가 있다. 미국은 과거 40년 동안 정책과 행동으로 중국이 정치·경제적 파워로 부상하는 것을 기꺼이 후원한다는 점을 보여 왔다. 중국은 이러한 미국의 지혜로운 정책이 강화되도록 노력할 필요가 있다(203쪽).

양측은 서로가 추구하는 목적을 일방적으로 달성할 수 없다는 점을 알아야 한다. 양국의 관계는 게임이론에서 부르는 죄수의 딜레마와 유사하다. 협력할 경우 최선의 결과를 얻을 것이요, 상대방의 희생 속에서 자신의 이익을 일방적으로 추구하려 할 경우 상대방도 똑같이 일방적으로 자신의 이익을 추구하면서 결과적으로는 모두가 손해를 볼 것이다(205쪽).

워싱턴은 중국이 미국을 몰아내고 일종의 '동아시아 몬로 독트린' 같은 어떤 정책을 추구할 경우 이를 용인하지 않을 것이다. 양측이 부정적이고 위험한 상호작용의 다이나믹스를 인식한다면, 함께 미끄러지는 것을 피하는 강력한 유인을 가지게 될 것이다. 반대로 서로가 상대방의 능력이나 의도를 오해한다면 죄수의 딜레마라는 비극은 현실이 될 수 있다. 자신의 미래 능력을 과장하거나 상대방의 능력을 과소평가할 때 이런 일이 생길 수 있다. 양측이 협력의 가치를 과소평가할 때도 그렇다(206쪽).

죄수의 딜레마는 양측이 서로 소통할 수 없을 경우를 상정하고 있다. 소통이 가능할 경우 최적의 결과를 얻어내기가 더 쉬워진다. 이 대화는 전략적이기도 하고 전술적이기도 하다. 전략적 수준에서 워싱턴과 베이징은 상대방의 사활적 안보 이슈를 고려한 자신의 미래 비전을 명확하게 이야기할 수 있어야 한다. 그것은 적어도 상대방이 용인할 수 있는 수준이어야 한다. 또한 상대방이 자신의 희생 속에 안보를 추구하려 할 경우 이를 힘으로 막을 수 있다는 확고한 의도도 포함해야 한다(207쪽)."

이어지는 부록 부분에서 저자들은 각종 지역 위기 상황에 대한 양국의 대응방안을 다루는데, 북한 급변사태 시나리오는 맨 위 두 줄을 차지한다.

"핵시설에 대한 안전을 확보하기 위해 북한 급변상황과 불안정성에 대비한 국가적 긴급대처방안을 논의하고 실행하라. 한국과 미국은 통일 이후의 상황에 대비해서 38선 이북으로 주한미군을 주둔시키지 않을 것이라는 의지를 강조하라. 이에 대해 중국은 외국 군대와 안보

동맹을 초대하려는 서울의 결정을 존중하겠다고 약속해야 한다(209쪽)."

이러한 전략적 사고와 중국에 대한 호의적인 분위기 속에 진행된 오바마 대통령과 시진핑 주석의 첫 정상회담에서 양측은 기존과 크게 다를 것이 없는 북한 비핵화에 대한 공동의 의지를 선언하는데 그쳤다. 7~8일 미국 캘리포니아 주 랜초미라지에서 열린 첫 정상회담에서 "북한은 핵무기 개발을 포기해야 하며 북한을 핵보유국으로 인정할 수 없다"고 입을 모았다. 두 정상은 또 북한의 비핵화를 위해 공동 노력하기로 합의했다고 토머스 도닐런 백악관 국가안보보좌관이 8일 밝혔다.

당시 쏟아져 나온 미국 유력 언론의 보도 가운데 단연 눈에 띄는 것은 '시 주석이 오바마 대통령에게 북핵 문제에 진전이 있을 때까지 김정은을 베이징에 부르지 않겠다고 약속했다'는 취지의 〈뉴욕타임스〉 보도였다. 한반도 문제에 조예가 깊은 데이비드 생어 기자가 쓴 이 기사의 내용은 도닐런 보좌관의 공개 언론 브리핑에는 없던 것이었다. 백악관도 이 보도를 확인하지 않았다. 하지만 시 주석은 오바마 행정부가 끝날 때까지 이 약속을 지킨 셈이 됐다. 김정은이 베이징을 처음 방문해 시 주석을 알현한 날짜는 북미 정상회담을 앞둔 2018년 3월 26일이었다.

이후 2015년까지 북한 문제에서 미국의 대중(對中) 의존도는 갈수록 커졌다고 할 수 있다. 오바마 행정부는 과거 어떤 미국 정권보다 북한 문제 해결에서 중국의 책임과 의무를 강조했다. '전략적 인내'의 실질적인 측면은 북한이 비핵화 의지를 가질 때까지 참고 기다리는 것이 아니라 '중국이 북한 문제 해결에 나설 때까지 참고 기다리며 설득하는 것'이라고 볼 수 있다는 해석도 나왔다.

이를 위해 미국인들은 상당한 체면 손상도 감수하고 있는 것으로 보였다. 2015년 10월 16일 박근혜 대통령이 백악관에서 오바마 대통령과 정상회담을 마친 뒤 기자회견장에 섰을 때 한 미국 기자는 "(2015년 8월 15일) 베이징 열병식에 가서 시진핑 중국 국가주석과 블라디미르 푸틴 러시아 대통령과 한자리에 나타났다. 그래서 미국에 보내려고 한 메시지가 무엇이냐"며 빈정거리듯 질문했다. 박 대통령의 중국행을 고깝게 보는 보통 미국인들의 정서를 그대로 반영한 장면이었다.

그렇지만 백악관이나 국무부 당국자들은 일절 불만을 나타내지 않았다. 한국 정부 당국자들은 "북핵 문제 해결을 위해 박 대통령이 베이징에 가야 한다. 한국도 힘을 보태야 할 것 아니냐"고 주장했고, 미국 정부 당국자들은 이를 반박할 명분이 없었기 때문이다.

하지만 이미 중국에 대한 미국의 이 같은 저자세에 대한 비판 여론이 미국 의회를 중심으로 부글부글 끓고 있었다. 2015년 10월 22일 미국 연방 상원의 대북정책 청문회에서 밥 코커 외교위원장은 "북한을 변화시키는 데 중국이 움직이지 않는 이유가 뭐냐"며 증인으로 출석한 성 김 국무부 대북정책특별대표를 몰아붙였다. 김 대표는 "중국은 북한을 너무 강하게 몰아붙이면 붕괴될 수 있다고 우려하는 것 같다"고 말했다. 미국은 이 문제에 대해 중국의 선의를 기대할 뿐 강제적으로 압박할 생각은 없는 것 같았다.

한국이 중국을 껴안아 북한을 변화시키자는 전략은 생전 황장엽 전 북한 노동당 비서의 지론이기도 했다. 그는 2010년 10월 세상을 떠나기 열흘 전 기자를 만나 "중국과 자유무역협정(FTA)을 하루빨리 체결해 경제관계를 더 강화해야 한다. 그리고 중국식으로 북한을 개혁 개방시키는 데 힘을 보태 달라고 부탁해야 한다"고 말했다. 한중 FTA의 안보적 의미를 염두에 뒀던 것이다.

실제로 박근혜 정부 시절, 한중관계 호조 속에 많은 중국인 관광객이 한국에 왔다. 2015년 가을, 미국 워싱턴을 방문한 한 지인은 연말 귀임을 앞둔 기자에게 중국인 관광객으로 가득 찬 서울 거리 풍경을 전해 줬다. 청계천 산책로도, 광화문광장도 중국인들로 가득 차 분위기가 어수선하다는 다소 비판적인 평가와 함께 말이다.

이에 대해 세계중소기업학회 회장을 맡아 2015년에 워싱턴에 와 있던 김기찬 가톨릭대 교수는 "중국인 관광객을 더 끌어들여야 한다. 한국의 경기 회복뿐만 아니라 안보에도 중요하다. 중국인들이 활보하고 있는 서울 거리를 북한이 함부로 공격하지는 못할 것 아니냐"고 말했다. 중국과의 경제관계를 돈독히 하여 안보 협력을 늘려 갈 수 있다는 얘기였다.

하지만 미국과 한국의 이러한 노력도 '중국 레버리지를 통한 북핵 저지'라는 목적을 달성하지 못했다. 북한은 2013년 12월 장성택 처형 이후 의도적으로 중국과의 외교적 관계를 멀리했다. 2015년 하반기 국제사회를 향한 전방위 위장 평화공세를 폈던 북한은 12월 모란봉악단을 베이징에 보냈다가 돌연 철수시켰다. 김정은은 2016년부터 핵무력 완성 국면을 승인했고 2016년 1월 6일 4차 핵실험 단추를 누름으로써 중국을 종이호랑이로 만들었다.

**주간동아 2015/10/12** **환태평양경제동반자협정과 G2의 미래**

주요 2개국(G2)으로 부상하고 있는 중국. 미국은 이 거대한 잠재력의 나라를 과거 소련처럼 봉쇄할 수도 없다. 그렇다고 중국이 순순히 미국 주도의 자유시장 경제 질서에 통합될 것 같지도 않다. 그렇다면 무엇이 대안일까. 아시아 태평양 지역의 우호 국가들을 '부의 띠'로 둘러싸 중국의 정치경제적 팽창을 억제하는 것이 가장 현실적이다.

미국 의회가 버락 오바마 대통령에게 무역촉진권한(TPA)를 부여하는 문제로 옥신각신하던 올해 6월 국제정치 분석가인 션 미르스키는 국제정치 전문지인 〈내셔널 인터레스트〉에 '환태평양경제동반자협정(TPP): 중국, 미국과 세력균형'이라는 글을 싣고 "TPP는 단순한 무역

(계속)

협정이 아니다"라며 이같이 주장했다.

실제로 미국과 중국은 서로 뗄 수 없는 경제적 상호의존관계에 있기 때문에 미국은 게임의 룰과 참여자가 다른, 서로 다른 경제권을 형성했던 소련처럼 봉쇄할 수가 없다. 중국은 최근 아시아인프라투자은행(AIIB)을 출범시키고 '아시아태평양 자유무역지대(FTAAP)' 구상 등을 통해 자신이 주도하는 국제경제 제도를 만들어내기 위해 노력하고 있다. 미국이 깔아 놓은 판에 하나의 멤버로 통합되지 않겠다는 것이다.

버락 오바마 대통령도 TPP가 중국이 부상하는 세계 무대에서 미국의 패권을 유지, 확대할 '새로운 규칙'임을 강조해 왔다. 그는 5일 미국 조지아주 애틀랜타에서 열린 12개국 경제 각료회의에서 TPP가 최종 타결된 직후 성명을 내고 "중국이 국제 경제 질서를 쓰게 할 수는 없다"며 TPP가 아시아 재균형 정책 강화를 위한 포석임을 천명했다.

그는 지난달 28일 미국 뉴욕 유엔본부에서 열린 총회 연설에서 미국의 국제적 지도력을 유지하기 위해 TPP를 반드시 성사시켜야 한다고 역설했다. 올해 2월 라디오 주례 연설에서는 "중국이 21세기 무역질서를 새로 쓰려고 하는데 그렇게 되면 우리 노동자와 기업이 큰 피해를 보게 된다"고 말했다.

실제로 TPP는 단순히 관세를 내리고 투자 장벽을 없애는 데서 나아

(계속)

가 지식재산권 보호, 기업 지배 구조(거버넌스), 노동과 환경 기준, 기타 금융 규제 등에 대한 미국 수준의 가치와 기준을 아시아 국가들에 확산시킨다는 점에서 자유민주주의와 시장경제를 기초로 한 '세계화의 심화 과정'이라고 할 수 있다. 미국은 자신이 정한 '게임의 룰'을 확대해 아시아태평양 지역 참여국들의 경제적 부를 증진해 중국보다 힘의 우위를 확보하겠다는 전략이다.

미국의 싱크탱크인 피터슨경제연구소는 "TPP 협상 타결로 2025년까지 미국이 얻는 경제적 이익은 775억 달러(약 91조 4,500억 원)에 달할 것"이라며 "또 참여국 전체의 경제적 이익은 2,590억 달러로 전망돼 미국을 중심으로 한 동맹국 진영의 경제력이 중국 경제권을 상대적으로 압도하게 될 것"이라고 했다. 〈월스트리트〉 저널은 5일 TPP가 세계경제의 판도를 바꾸는 '게임 체인저'가 될 것이라고 했다.

TPP는 2005년 뉴질랜드와 싱가포르, 칠레, 브루나이 등 4개국 간 자유무역협정 체결로 시작됐지만 2008년 미국과 호주, 페루 등 3개국이 뛰어들면서 그림이 커졌고 2009년 오바마 행정부가 출범하면서 논의에 가속도가 붙기 시작했다. 2010년 3월 베트남을 포함한 8개국으로 정식 협상이 개시됐으며 같은 해 말레이시아, 2012년 멕시코 캐나다, 2013년 일본 등이 참여하면서 지금의 12개국 논의 체제가 완성됐다.

협상은 순탄치 않았다. 참여 국가 수가 많고 의제가 워낙 복잡해

(계속)

2013년 말까지 협상을 타결한다는 목표는 지켜지지 않았다. 특히 가장 큰 경제 규모를 차지한 미국과 일본의 협상이 시간을 끌면서 2014년을 훌쩍 넘겼다. 하지만 올해 4월 아베 신조 일본 총리의 방미를 계기로 쌀과 유제품, 설탕, 밀, 쇠고기 등 일본의 5대 민감 품목의 시장개방 정도가 합의되면서 협상이 급물살을 탔다.

올해 7월 하와이 마우이섬에서 열린 12개국 각료회의에서 협상이 곧 타결될 것이라는 기대가 컸지만 캐나다가 주력 산업인 낙농업 관세 인하 요구에 응하지 않으면서 또다시 암초에 부딪혔다. TPP 자체가 무산되는 것 아니냐는 비관론까지 나왔다.

지난달 30일 시작된 애틀랜타 회의도 예정된 1일보다 나흘이나 더 길어진 5일까지 연장됐다. 이번 기회를 놓치게 되면 협정이 장기 표류할 수 있다는 위기감에 오바마 대통령은 개별 국가 정상들을 1 대 1로 접촉해 설득했고 복잡한 이해관계를 조율하는 데 성공했다. 미국과의 자유무역 협정을 통해 침체된 경제를 활성화하고 미일동맹을 더욱 굳건히 하고자 했던 일본도 오바마를 적극 거들었다.

당연하게 합의 타결에 대한 일본과 중국의 반응은 상반된 것이었다. 아베 신조(安倍晋三) 일본 총리는 6일 총리 관저에서 "새로운 아시아 태평양을 알리는 세기의 막이 드디어 열렸다"며 "일본과 미국이 주도하고 자유민주주의·인권·법치의 가치를 공유하는 국가들이 함께 자유와 번영의 바다를 만드는 TPP가 합의에 도달했다"고 들뜬 목소리

(계속)

로 말했다.

아베 총리는 시종 자신감이 넘쳤다. 그는 "일본이 적극적으로 협상을 주도했으며 끈질기게 협상해 최상의 결과를 얻었다"며 "두려워하는 걸 그만 두자. 이제 세계로 나아가자"고 말하며 두 팔을 쫙 펼쳐 보이기도 했다. 그러면서 자신이 선두에 서서 모든 각료가 참여하는 TPP 대책본부를 만들고 종합적인 대책을 마련하겠다고 선언했다.

중국 상무부는 5일 TPP가 아태지역 경제 활성화에 도움이 되기를 바란다는 원론적인 입장을 냈지만 관영 언론과 전문가들은 TPP 타결과 버락 오바마 미국 대통령의 중국 견제 발언에 '독설'에 가까운 반응을 보였다. 관영 〈환추(環球)시보〉는 6일 사설에서 "세계 2위 경제국인 중국이 빠진 TPP는 생명력도 유한하다"고 폄하했다. 대표적인 미국통으로 꼽히는 롼쭝쩌(阮宗澤) 중국국제문제연구소 부소장은 〈환추시보〉 인터뷰에서 "TPP가 중국을 배제할 경우 쓴맛을 보게 될 것"이라고 경고하기도 했다(이하 생략).

※ 도널드 트럼프 미국 대통령은 2017년 1월, 취임과 동시에 TPP 탈퇴를 선언했다. 이후 2018년에 복귀 가능성을 시사했지만 여전히 미국과 각국의 양자 무역협정을 선호한다는 입장을 계속 유지하고 있다.

9

# 역사 문제에 묶인<br>한미일 유사 동맹

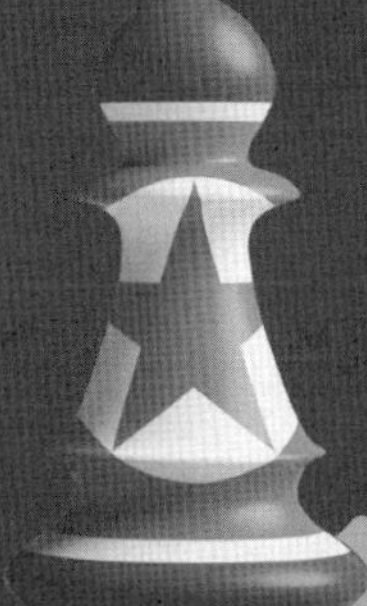

워싱턴 외교가에서는 북한 문제 공조 등 더 중요하고 현실적이고 미래지향적인 문제에 투자되어야 할 한국의 대미(對美) 외교 역량이 '워싱턴을 통해 대일 과거사 문제를 해결한다'는 과거 지향적 명분 외교에 낭비되고 있다는 지적이 나온 지 오래였다. '아베의 태도를 바꿔 달라'는 부탁을 오랫동안 받아야 하는 미 당국자들의 피로감도 누적되어 있었다.

★

북한의 2013년 2월 3차 핵실험 직후 한 당국자는 사석에서 "대화도 안 되고 압박도 안 먹혀드니 한국이 좀 나서 보라고 등이나 떠밀고…"라고 하다 말끝을 흐렸다. 직감적으로 오바마 행정부 내의 어떤 정책 변화 기밀을 무심코 노출했다가 거두는 투였다. 다음 달인 3월 3일 저녁, 워싱턴 한국 특파원단과 간담회를 가진 미국 스탠퍼드대 한국학연구소 신기욱 소장과 미 국무부 한국 과장 출신 데이비드 스트라우브 부소장도 "지난 20년 동안 대화로도, 제재로도 북한의 핵개발을 막지 못한 미국은 이제 지친 기색이 역력"하다며 "새로 출범한 박근혜 정부가 이니셔티브를 쥐어야 할 때"라고 강조했다.

이런 기류는 서울에도 전해졌다. 3월 27일자 〈동아일보〉는 오바마 행정부가 "앞으로는 한국의 대북정책을 중심으로 미국의 대(對)한

미국 스탠퍼드대 한국학연구소 신기욱 소장과
미 국무부 한국 과장 출신 데이비드 스트라우브 부소장(2013. 3. 3)

반도 정책을 짜겠다"는 뜻을 여러 외교 경로를 통해 박근혜 정부에 전달한 것으로 알려졌다고 보도했다. 미국 측은 또 "남한을 배제한 북미 양자 대화를 하지 않을 것"이란 뜻도 밝힌 것으로 전해졌다며 이는 미국의 대한반도 정책 방향의 근본적 전환을 의미하는 것이어서 주목된다고 보도했다. 〈동아일보〉는 'K이니셔티브'라는 제목으로 이에 관한 시리즈 기사를 쓰기도 했다.

미국의 정책 전환은 1기 정책의 반성에서 나온 측면이 강하다. 미국은 북핵 해결을 위한 한미동맹과 공조를 강조하면서도 한국을 배제한 북한과의 양자협상에 나서 2·29합의를 체결했다가 보기 좋게 배신당하는 수모를 당했다. 한국 정부의 고위 당국자들도 "사실상 한국이 소외된 채 이뤄진 2·29합의가 북한의 계속된 핵과 미사일

도발 때문에 처참한 실패로 결론나면서 오바마 행정부가 기존의 대한반도 접근방식에 근본적 회의를 품게 됐다"고 배경을 설명했다.

'K이니셔티브'에 대해서는 윤병세 외교부장관의 방미와 존 케리 미 국무장관의 상호 교차 방문을 계기로 추가 논의가 이뤄졌다. 박근혜 정부와 버락 오바마 미국 행정부 2기에 처음으로 열린 2013년 4월 한미 외교장관회담에서는 북한의 도발을 용납하지 않겠다는 목소리가 강하게 나왔다. 존 케리 미 국무장관은 2일 "미국은 북한을 핵보유국으로 인정하지 않을 것"이라며 북한의 핵위협에 강력 대응하겠다는 의지를 천명했다. 케리 장관은 이날 워싱턴 국무부에서 열린 공동 기자회견에서 "북한의 영변 핵시설 재가동은 심각한 국제의무 위반"이라며 "핵 없는 한반도가 한미 양국의 공동목표"라고 강조했다.

케리 장관은 "북한 김정은은 도발적이고 위험하고 무모한 언사를 이어가고 있다"며 "분명히 말하건대 미국은 '조약 동맹'인 한국을 방어하고 보호할 것"이라고 밝혔다. 그는 "우리는 북한의 위협적 발언을 쉽게 받아넘기지 않는다. 그렇기 때문에 미국의 미사일 방어망을 다시 배치하고 한반도에서 '다른 준비'를 하고 있는 것"이라고 역설했다. 여기서 '다른 준비'란 미국이 한미 연합군사연습에 첨단무기를 잇달아 투입하며 군사적 대응 체제를 강화한 것을 의미했다. 25분간의 공동 기자회견에서 양국 장관은 절반 이상을 한반도 긴장완화방안에 할애했다. 케리 장관은 "확실하게 말하겠다", "중요한 얘기를 하겠다" 등 수차례 강조화법을 동원했다. 그는 특히 "핵무기 없는 평화로운 한반도라는 공동목표에 집중하는 것이 중요하다"며 "남북관계 개선이 그런 목표에 도움이 될 것이라는 데 윤병세 장관과 의견을 같이했다"고 강조했다.

윤 장관도 "북한의 핵과 재래식 도발에 대응해 신뢰할 수 있고 강력한 억제력을 강화하자는 데 뜻을 모았다"고 밝혔다. 그는 중국의 역할에 대해 "중국을 포함한 6자회담이 여전히 북한의 핵 폐기 노력을 위한 '유용한 도구'가 되고 있다"고 평가했다. 케리 장관은 북한의 도발에 강력하게 대처하겠다는 의지를 천명하면서도 "북한이 국제사회에 다시 참여할 수 있는 매우 간단한 길이 있다고 믿는다. 북한은 선택해야 한다"며 외교적 해결 가능성을 내비쳤다. 그는 "북한에는 옵션이 있다. 그 옵션은 북한 지도부가 진지한 자세로 비핵화를 위한 대화에 나서고 주민들의 요구에 관심을 가지는 것"이라며 "북한이 유엔과 국제사회의 요구에 맞는 행동을 한다면 미국도 도울 준비가 돼 있다"고 밝혔다. 결국 북한이 향후 어떤 태도를 보이느냐가 미국 대북정책의 방향을 좌우할 것으로 보였다. 정부 고위 당국자는 그날 한미원자력협정에 대해 "케리 장관이 한국을 방문하고 돌아간 뒤 정부 협상단이 워싱턴을 방문해 정식 협상을 시작할 것"이라고 확인했다. 5월 초 워싱턴에서 한미 정상회담이 열리기 전 4월 중에 새 정부 간 회담이 재개되는 것이었다.

케리 장관은 이날 기자회견에서 "올해로 60주년을 맞는 한미동맹은 아시아 평화와 안정을 위한 '린치핀(linchpin·바퀴를 멈추게 하는 비녀장)'이다"라고 말했다. 윤 장관이 "전에는 '코너스톤(cornerstone·초석)'이라고 했는데 이번에는 왜 린치핀이냐"고 묻자 케리 장관은 "코너스톤은 귀퉁이마다 있지만 린치핀은 하나밖에 없는 것"이라고 대답했다고 참석자들이 전했다. 케리 장관은 그후에 취임 후 첫 아시아 순방길에 올라 한중일 3국 가운데 한국을 가장 먼저 방문했다.

박근혜 대통령의 5월 초 워싱턴 방문 및 오바마 대통령과의 첫 한미 정상회담이 거둔 가장 큰 성과는 '한국이 주도하는 대북정책'에 대한 미국 최고 지도부의 이해와 지지를 얻어낸 것이었다는 평가가 나왔다. 오바마 대통령은 박 대통령이 당선되기 전부터 공약으로 내세운 '신뢰 프로세스'가 무엇인지에 대한 설명을 박 대통령에게 직접 들었고 충분히 이해했다고 당시 워싱턴 외교 소식통들은 전했다. 워싱턴의 한 외교 소식통은 한국이 주도하는 박 대통령의 대북정책과 전임 이명박 대통령의 대북정책의 차이에 대해 "북한이 잘하면 (이명박 정부 때보다) 더 지원해 주고 북한이 못하면 더 압박하겠다는 것"이라고 한마디로 설명했다.

커트 캠벨 전 미국 국무부 동아시아태평양 담당 차관보는 아산정책연구원이 6·25전쟁 종전과 한미동맹 60주년을 기념해 2013년 6월 24일 워싱턴에서 진행한 '아산 워싱턴포럼 2013'에 연사로 나와 K이니셔티브에 대해 긍정적인 평가를 내렸다. 오바마 행정부 1기 당시 대북정책 책임자였던 그는 "미국 내에 대북정책에서 한국이 주도적인 역할을 해야 한다는 인식이 확산됐고 한국과 중국의 대화가

커트 캠벨 전 미국 국무부
동아시아태평양 담당 차관보(2013. 6. 25)

더 긴밀해졌으며 한미가 보다 실질적인 군사적 대응을 하고 있다"고 평가했다.

미 행정부의 기대는 국무부가 2013년 하반기에 작성한 2014 회계연도 실천 목표 보고에도 드러났다. 국무부는 "북한의 국제적 지위 개선과 관련해 북한과 논의를 확대하는 방안을 추진한다"는 내용이 포함됐다. 또 "북한의 협력을 조건으로, 우라늄농축프로그램(UEP)을 포함한 비가역적 비핵화와 초기 검증 절차를 위한 조치를 논의하는 다자간 협의를 추진한다"는 목표도 명시했다. 이는 문맥상 북한의 협력에 따라 비핵화 회담이 진전되면 북한의 국제적 지위 향상에 대한 북미 대화를 추진하겠다는 뜻으로 풀이되었다.

워싱턴 외교 소식통은 "국무부가 새해 예산을 따기 위해 제출하는 보고서는 통상 낙관적으로 쓴다. 한국 외교부도 예산을 따기 위해 해마다 6자회담이 열릴 가능성을 언급한다"며 지나친 확대 해석을 경계했다. 하지만 박근혜 정부가 주도하는 '한반도 신뢰 프로세스'의 성공과 6자회담의 재개 등을 전제로 할 때 북미 대화의 재개 가능성에 대한 희망이 담겨 있는 일종의 청사진으로 볼만했다. 보고서가 '대화파' 존 케리 국무장관의 취임 이후 작성됐고, 북한의 2월 3차 핵실험 이후 북미 양국이 대화의 접점을 모색하는 '위기관리' 국면에서 나온 것이라는 점도 이런 관측에 힘을 실었다.

하지만 '한국이 주도하는 대북정책'은 한국이 능동적으로 만들어 냈다기보다는 미국이 대북정책의 주도권을 쥐는 적극적인 과거의 스탠스를 포기하고 동맹국 한국의 등을 떠미는 수동적인 획득물이라는 태생적인 한계가 있었다. 20년 동안 대화로도 압박으로도 북한 핵·미사일 개발을 막지 못한 미국 당국자와 전문가들의 좌절감과 피로감이 가져다 준 일종의 부산물인 것이었다. 결정적으로 북한 문제에 대한 한국의 레버리지와 집중도가 떨어지면 한미 동맹 차원의 대북정책 동력이 떨어지게 되는 구조였다.

북한의 3차 핵실험에 대한 압박과 대화의 움직임이 잦아들 무렵, 한미동맹의 대북정책 집중도를 분산시키는 결정적인 사건이 일어났다. 바로 아베 신조(安倍晋三) 일본 총리의 2013년 12월 26일 야스쿠니(靖國) 신사 방문이었다. 박근혜 정부가 이에 대한 대응으로 일본을 비난하는 외교에 집중하면서, 워싱턴은 북핵 저지를 위한 한미일 3국 유사동맹의 협력공간임과 동시에 한국이 미국을 향해 일본을 비난하고 일본은 이에 대응해 한국을 헐뜯는 갈등의 공간으로 변했다. 미국 내 지한파들도 한일 간 투쟁에 동참하면서 북핵 문제 집중도가 크게 떨어질 수밖에 없었던 것이다.

"아베 일본 총리가 지난해 말 야스쿠니 신사를 방문한 것은 동아시아와 동남아시아 지역을 식민지로 만들려는 일본의 처사를 견뎌 낸 수많은 아시아인에게는 모욕이며 난폭한 처사다."

에드 로이스 미 하원 외교위원장(공화당)은 2014년 1월 8일자 〈동아일보〉 신년 인터뷰에서 이렇게 말했다. 그는 "일본이 지역의 긴장을 높이는 데 반대한다. 다음 달 일본을 방문해 아베 총리를 직접 만나 일본의 과거를 인정하라고 촉구할 것"이라고 강조했다. 그와의 인터뷰는 2013년 12월 12일 북핵 문제를 중심으로 이뤄졌으나 아베 총리의 신사 방문에 대한 추가 의견을 달라는 기자의 요청에 2014년 1월 6일에 이메일 답변을 보내왔다. 이 문제에 대해 미국 고위 정치인이 공식 입장을 낸 것은 처음이었다.

**오랫동안 일본 극단주의자들이 역사를 왜곡하려는 시도에 반대해 왔는데….**

"나의 아버지는 2차 세계대전에 참전해 독일 히틀러에 맞서 싸웠다. 역사 문제의 민감함을 누구보다 잘 알고 있다. 일본 제국주의 군대가 저지른 잔악행위는 잘 알려져 있고 문서로도 남아 있다. 나는 지난해 일본 오사카(大阪) 시장이 일본군 위안부를 정당화하는 발언을 한 것을 하원 의사당에서 공개 비난했다. 다음 달 아베 총리와 솔직한 대화를 나누길 기대하고 있다."

**2007년 미국 의회가 통과시킨 '일본군 위안부 결의안'을 공동 발의한 사람으로서 남다른 느낌이 있을 듯하다.**

"그렇다. 일본의 한국 침탈과 일본군 위안부에 대한 학대 및 노예화 등 역사적인 문제에 대한 위안부 결의안이 벌써 7년 전 미 의회에서 통과되었다. 하지만 최근 일본 내각과 자민당 내 정치인들의 군국주의적 수사(修辭)는 우려스러운 수준이다. 일본인들에게 필요한 것은 2차 대전과 한국과 중국 점령 과정에서 무슨 일이 일어났는지 있는 그대로의 역사를 인정하는 것이다."

**일본은 역사 왜곡과 동시에 독도와 동해 등 한국의 영토, 영해도 위협하고 있다. 미국과 한국, 그리고 주변국은 어떻게 대응해야 하나.**

"중국과 한국, 필리핀에 대한 일본의 침략이라는 진정한 역사에 대해서, 그리고 일본 제국주의 군대가 노예로 삼은 여성들의 인권 침해와 관련해 그동안 드러난 사실들을 일본 관리들이 잊지 않도록 해야 한다. 한국의 주권이 독도에까지 미친다는 사실을 세계가 다 이해하고 있다는 점도 일본이 확실히 이해하도록 해야 한다."

그는 인터뷰 내내 과거 일본군을 지칭할 때는 항상 '제국주의 군대'라며 '제국주의'를 강조했다. 그는 1월 31일 글렌데일 소녀상을 참배했고, 2월 17일 일본을 방문해 아베 총리를 만난 자리에서 '역사를 있는 그대로 받아들이라'고 촉구했다. 〈동아일보〉 인터뷰에서 밝혔던 한국인들과의 약속을 지킨 것이었다.

아베 총리의 신사참배 이후 미국 내 한국 특파원들은 '종군기자'

가 된 듯했다. 워싱턴과 뉴욕, 로스앤젤레스 등 주요 도시에서 2차 세계대전 전후 잔혹한 침략의 역사를 덮으려는 일본과 이를 바로잡으려는 한국 사이에 미국의 지지를 얻기 위한 총성 없는 전쟁이 계속되었기 때문이다.

그대로의 역사와 진실, 정의와 인권의 가치를 소중하게 여기는 미국인들의 목소리를 전하는 것이 한국 특파원들의 역할이었다. 2014 회계연도 연방 통합세출법안에 위안부 관련 문구를 우직하게 집어넣은 마이크 혼다 미 연방 하원의원, 버지니아 주 의회에 교과서 동해 병기 법안을 발의해 통과시킨 티머시 휴고 주 하원의원과 데이비드 마스던 주 상원의원은 고마운 원군이었다. 깨어 있는 미국인과 커 가는 한국의 국력을 매개하는 현지 교민들의 활약상을 보도하는 것도 중요한 일과였다. 김동석 시민참여센터 상임이사와 윤석원 태평양은행 이사장 등은 로이스 위원장, 혼다 의원 등을 지속적·조직적으로 후원하면서 위안부와 동해, 독도 문제 등에 대한 이해를 넓혀 왔다.

초등학교 5학년 아들이 학교에서 동해를 일본해로 배운다는 사실에 충격을 받아 생업을 접고 교과서 개정운동에 뛰어든 피터 김 미주 한인의 목소리(VoKA) 회장이 없었다면 미국 전역에 번진 교과서 동해 병기 운동은 시작도 못했을 것이다. 한번은 김 이사에게 "조국이 뭘 도와 주었으면 좋겠느냐"고 물었다. 그는 "미국에서 태어난 2, 3세대 교포들이 아버지와 할아버지의 나라를 이해하고 뭔가 해야

재미 한인의 정치참여운동에 앞장선
한인운동가 김동석 시민참여센터 상임이사(2014. 7. 29)

버지니아주 의회에 교과서 동해 병기 법안을 발의해 통과시킨
티머시 휴고 주 하원의원(2014. 2. 6)

한다고 각성하도록 한국 정부와 민간이 힘써 달라"고 했다.

2014년 미국 연방정부 세출법안에 '미국 정부가 일본 정부를 상대로 위안부 문제 해결을 촉구하라'는 메시지를 우직하게 밀어 넣은 마이크 혼다 미국 연방 하원의원(민주·캘리포니아)은 며칠간 한국 언론의 집중적인 조명을 받았다. 혼다 의원이 위안부 문제에 나서는 것은 당선에 도움이 되기는커녕 오히려 해가 될 수도 있다는 점에서 울림이 컸다.

그의 지역구인 캘리포니아에는 한국계와 중국계 못지않게 일본계가 많이 살고 있었다. 할아버지의 나라 일본을 '욕보이는' 혼다 의원에 대한 일본계 유권자들의 눈길이 고울 리 없었다. 선거에서 결정적인 역할을 하는 정치헌금은 한국계와 중국계보다는 일본계 유권

한인 학생들과 함께한 마이크 혼다 하원의원(2013. 1. 23)

자들에게서 더 많이 나온다고 한다. 잘 알려진 것처럼 미국은 선거자금 규모가 당락을 결정한다.

그런데 위안부 문제는 일본계 유권자는 물론이고 보통 미국인들의 표를 모을 수 있는 관심 사항이 아니었다. 17일 버락 오바마 대통령이 서명한 세출법안에 위안부 결의안 관련 내용이 들어간 것이 한국에서는 연일 큰 뉴스였지만 미국 언론은 제대로 눈길을 주지 않았다.

선거를 치르는 정치인들이 '표가 되면 뭐든지 하고 표가 안 되는 일은 뭐라도 안 하는' 행태는 한국이나 미국이나 다를 것이 없었다. 혼다 의원이 돈도, 표도 안 되는 위안부 문제에 나서는 것은 오로지 '스스로 목소리를 낼 수 없는 약자들'의 편에 서기 위함이었다.

그는 2013년 6월 뉴저지 주 팰리세이즈 파크를 찾아 위안부 기림비를 껴안고 눈물을 흘리며 "일본 정부의 진심 어린 사과를 받아낼 때까지 행보를 멈추지 않겠다"고 약속했다. 그로부터 대략 7개월이 지난 15일, 그는 미국 정부가 일본 정부에 위안부 결의안 실행을 촉구하라는 '명령'을 넣은 2014년에 세출법안을 통과시켜 자신과의 약속을 지켰다.

혼다 의원은 2001년 9·11테러 당시에는 미국 여론이 전체 아랍인들을 백안시하는 분위기에 반기를 들었다. 2차 세계대전 때 단지 일본계라는 이유만으로 콜로라도주 강제수용소에서 유년기 4년을 보내야 했던 그는, 정치인이 된 뒤 사회적 약자를 부당하게 대하는 어떤 인권 침해도 단호하게 거부해 왔다. 그는 15일 하원에서 세출법안이 통과된 뒤 한국 언론의 모든 인터뷰 요청을 겸손하게 사양했다. 할 일을 했는데 자랑할 게 없다는 뜻이었다.

버지니아 주 페어팩스 카운티 의장 샤론 불로버(2014. 9. 22)

버지니아주 페어팩스 카운티 의장(행정수반)인 샤론 불로버도 한국인들보다 일본군 위안부 문제를 더 잘 이해하고 분노하며 행동에 나서는 미국인이었다.

그는 워싱턴정신대문제대책협의회 등 한인 단체들이 2014년 5월 30일 카운티 청사 내에 위안부 기림비와 평화공원을 조성하는 데 결정적인 역할을 했다. 미국 내에서는 7번째였지만 미국의 수도인 워싱턴 인근에는 처음으로 기림비가 들어선 것이었다.

기림비 제막 4개월을 맞아 불로버 의장을 인터뷰했다. 2014년 9월 22일 오전에 찾아간 그의 집무실 책상 위에서 한국의 에밀레종 모형이 손님을 맞았다. 그가 얼마나 한국 및 미주 한인사회와의 관계를 중시하는지 상징적으로 보여 주는 소품이었다.

인터뷰 도중이었지만 "위안부에 대한 당신의 공감(empathy)은 어디서 나오는 겁니까" 하고 물었다. 그는 대뜸 아버지 이야기를 꺼냈다.

버지니아주 페어팩스 카운티 청사에서 열린 위안부 기림비 제막식(2014. 5. 30)

미 의회에 찾아가 기자회견 중인 위안부 피해자 이용수 할머니(2015. 4. 23)

워싱턴 시내 일본대사관 앞에서 기자회견 중인 위안부 피해자 김복동 할머니(2015. 7. 1)

"지난해 작고한 아버지는 2차 세계대전 참전용사였습니다. 그것도 일본 오키나와와 이오지마, 사이판 등에서 일본군과 싸웠죠. 아버지는 내가 어릴 때 '모두에게 불행했던' 전쟁의 경험을 자주 들려 줬습니다. 그래서 일찍부터 아시아에 대한 관심을 키웠지요."

하지만 정작 위안부 이슈에 눈을 뜬 것은 2년 전이었다.

"2012년 관내 조지메이슨대에서 열린 위안부 관련 세미나 자료를 구해 본 뒤 위안부 문제에 본격적으로 관심을 갖게 됐습니다. 비디오 내용은 너무 강력했고 비극적이었어요. 그동안 내가 이 문제를 몰랐다는 것에 놀랄 따름이었습니다. 그들의 이야기에 감동받았고 한인들에게 동정심이 생겼습니다."

이러한 가운데 2013년부터 관내 한인들이 카운티 내 공원 부지 등에 기림비를 세울 수 있을지 문의해 왔다고 했다. 불로버 의장이 이끄는 카운티 당국은 위안부 기림비의 역사적 의미가 크다고 판단해 아예 청사 안에 공원을 짓고 기림비를 세우기로 결정했다.

그는 "페어팩스 카운티의 한국 교민사회는 매우 활동적"이라며 "한인들이 기림비를 만들어 역사를 기리는 일에 동참할 수 있어서 기쁘다"고 덧붙였다. 제막식 전 워싱턴의 일본대사관 직원이 찾아와 "위안부 기림비가 일본 국민에게 얼마나 논란거리인 줄 아느냐"고 항의하기도 했지만 정작 제막식 이후에는 별다른 반발이 없었다는 소식도 전했다.

위안부 문제에 대해 그는 확고한 원칙을 가지고 있다. "일본군 위안부 문제는 보편적 인권의 시각에서 접근해야 한다"며 "여성에 대한 폭력이자 인신매매에 해당하는 중대한 범죄"라고 잘라 말했다. 사과하지 않는 일본에 대해서는 이렇게 말했다.

"때론 국가도 잘못을 할 수가 있습니다. 미국이 과거에 노예제도를 운영한 것은 잘못된 것입니다. 국가도 개인도 잘못을 인정하고 사과하는 것이 중요합니다. 위안부 문제도 비슷합니다. 여성을 성적 노예로 부리는 일은 다시는 없어야 합니다."

그는 "내 조상은 독일과 아일랜드에서 왔기 때문에 홀로코스트(나치의 유대인 대량학살)를 잘 기억한다"며 "(일본도) 과거에 매우 잘못된 일이 일어났다는 점을 인정하고 다시 그런 일이 일어나지 않도록 해야 한다"고 강조했다.

불로버 의장은 4개월 전 기림비 제막식에서 강을출 할머니 등 위안부 피해자들을 처음 만났다. 그는 "80세가 넘었지만 상냥하고 아름답고 연약한 여인이었다"며 "위안부를 상징하는 나비를 날리는 장면과 한국의 전통적인 살풀이춤이 매우 인상적이었다"고 떠올렸다.

그러나 미국 정부 내에서는 이처럼 미국에서 벌어지는 한일 간 역사 갈등에 대해 우려감이 커지고 있었다. 대니얼 러셀 미국 국무부 동아시아태평양 차관보는 2014년 12월 10일 "내년은 한일 국교정상화 50주년이 되는 해"라면서 "양국이 개방적이고 친근하며 전면적인 협력관계를 복원하는 것이 내년도 미국의 우선순위(high priority) 과제"라고 밝혔다. 이날 워싱턴 싱크탱크인 전략국제문제연구소(CSIS)에서 열린 통일정책 세미나에서 "한국과 일본이 계속 악화된 관계로 지내기에는 세계경제가 너무 취약하고 국제·지역안보 상황이 너무 염려스럽다. 함께 풀어 가야 할 글로벌 현안이 너무 많다"며 양국이 관계 개선에 나설 것을 촉구했다. 아베 신조 총리가 주도하는 일본 우익세력의 군 위안부 문제 등 과거사 왜곡에 대해서는 "20세기 과거사와 관련해 심각하고 고통스러운 이슈들이 있다"며 "이는 어느 한쪽이 혼자서 해결할 수 없으며 서로 만족할 수 있는 결론을 끌어내도록 관련자들의 지속적이고 진지한 노력이 필요하다"고 말했다.

2015년으로 접어들면서 분위기는 한국의 편이 아니게 되었다. 아베 총리의 4월 미국 방문이 성공적으로 치러지면서 미국 내에서 위안부 문제에 올인 하는 한국에 대한 피로감이 퍼지기 시작했다.

존 베이너 미국 연방 하원의장(공화·오하이오)이 아베 총리에게 상하원 합동연설 초청장을 보냈다는 보도가 나온 2015년 3월 20일, 이를 저지하려는 미주 한인 운동을 주도했던 김동석 시민참여센터 상임이사는 자신의 페이스북에 다음과 같은 글을 올렸다.

"2007년 1차전에선 우리가 이겼는데…. 아베 신조(安倍晋三) 일본 총리와 미주 한인들이 맞붙은 이번 2차전에선 우리가 일단 졌다. 자존심이 심각하게 상했다. 풀뿌리부터 더 많은 것을 준비해야 한다."

그는 "2007년 (연방 하원에서) 위안부 결의안이 통과되는 것을 본 아베 총리는 일본 〈산케이신문〉과의 인터뷰에서 '한국은 코리안 아메리칸이 있는데 우리는 없다. 그래서 졌다'라고 말했다"며 한탄했다. 8년 전 이겼던 코리안 아메리칸이 이번엔 졌다는 말이었다.

그의 말처럼 당시 교민사회에는 의원들을 찾아가고 팩스를 보내며 아베 총리의 연설을 막는 데 안간힘을 썼음에도 막지 못했다는 것에 대한 패배감이 상당했다. 일본군 위안부 등 과거사 왜곡에 나서는 아베 총리가 미국 상하원 의원들의 박수갈채를 받는 광경을 지켜봐야 하다니…. 그것도 2차 세계대전 종전 이후 70년 만에 일본 총리로서는 처음으로 말이다.

대범하게 받아들일 수도 있는 일이었다. 한국은 이미 1954년 이승만 대통령을 시작으로 노태우, 김영삼, 김대중, 노무현, 박근혜 등 6명의 최고 지도자가 이런 영광스러운 자리에 섰지만 일본은 이제 겨우 첫 티켓을 받아 든 것이었으니까 말이다.

하지만 현장에서 마주한 큰 문제는 미국인들에게서 느껴지는 '아시아 과거사 갈등 피로감'이었다. 한일 양국 간의 '워싱턴 외교전'에서 한국이 유리한 고지를 차지해 왔지만 좀 경박스럽게 말해 이제 '약발'이 많이 떨어졌다는 징후가 여기저기서 나타났다.

2015년 3월 18일 워싱턴 의사당 앞에서 시민참여센터와 워싱턴 정신대문제 대책위원회가 연 아베 총리 연설 저지 교민단체 집회에는 그 많던 지한파 의원들 가운데 마이크 혼다 하원의원(민주·캘리포니아)의 얼굴만 보였다. 12일 존스홉킨스대 국제관계대학원(SAIS)에서 열린 일본군 위안부 관련 세미나에서는 일본인 여성 운동가가 일본군 위안소의 추악한 실태를 고발했지만 청중 가운데 미국인은 많지 않았다.

아베 총리가 실제로 미국을 방문했던 4월 26일부터 5월 2일(6박 7일)은 한국 워싱턴 특파원들에게도 힘든 시간이었다. 밤낮이 뒤바뀐 상황에서 새벽에 일어나 초판 신문을 막고 잠깐 눈을 붙인 뒤 아침에 또 일어나 아베 총리의 오전 일정을 커버하여 마지막 판을 막는 강행군이 연일 이어졌다.

아베 총리가 2차 세계대전 중 일본군 위안부 등 과거사 만행을 시인하고 사과할 것인지 여부에 한민족의 자존심이 걸려 있었다. 그의 일거수일투족, 말 한마디와 맥락이 모두 엄청나게 중요한 취재 대상이었다. 2013년 5월에 박근혜 대통령이 워싱턴을 찾았을 때보다 바쁜 것이 확실했다. 한국 언론은 일본 언론 다음으로 관련 기사를 많이 썼을 것이다.

예상했던 대로 아베 총리는 미 연방 상하 양원 합동연설에서 아시아 청중을 외면했다. 대신 "우리(일본)의 행동(침략과 식민지 지배)은 아시아 국가 사람들에게 고통을 줬다"라는 말을 해 한국과 중국 등 주변국들의 공분을 샀다. 그의 예상된 '오리발'은 미국 내 지성들의 반발도 샀다.

백악관 로즈가든에서 열린 미일 정상회담 공동 기자회견에서는 AFP통신의 앤드루 비티 백악관 출입 기자가 아베 총리에게 "지금 사과할 생각이 없느냐"고 돌직구 같은 질문을 날렸다. 평소 과거사 문제에서 한국을 편드는 일에 신중했던 에즈라 보걸 하버드대 명예 교수를 비롯한 전 세계 일본학자 187명은 아베 총리를 비판하는 성명을 냈다.

하지만 우리 측의 비용도 만만치 않았다. 여론을 의식한 청와대와 외교부가 조바심을 내면서 '워싱턴 한국 외교 인력의 75%가 아베 뒷다리 잡기에 동원됐다'는 소문이 워싱턴에 퍼졌다. 주미 한국대사관에 업무 지시를 내리는 북미(北美)국 산하 북미1과는 '미일(美日)과'로 불리기도 했다.

워싱턴 외교가에서는 북한 문제 공조 등 더 중요하고 현실적이고 미래지향적인 문제에 투자되어야 할 한국의 대미(對美) 외교 역량이 '워싱턴을 통해 대일 과거사 문제를 해결한다'는 과거 지향적 명분 외교에 낭비되고 있다는 지적이 나온 지 오래였다. '아베의 태도를 바꿔 달라'는 부탁을 오랫동안 받아야 하는 미 당국자들의 피로감도 누적되어 있었다.

프랭크 자누지 맨스필드재단 소장은 "미국이 한국과 일본 관계를 중재(mediate)해야 한다고 생각하지 않는다"면서 "미국은 한국의 우려와 일본의 견해를 듣고 대화를 증진시키는 알선(good offices)의 역할을 할 수 있을 뿐"이라고 설명했다.

이런 가운데 '비용과 위험을 안고 동맹국 미국의 짐을 덜어 주겠다'는 아베 총리의 미래지향적이고 실리적인 대미 외교는 한국에 외교적 부담으로 작용하게 됐다. 일본은 정상회담에서 미국의 괌 기지

개보수에 25억 달러(약 2조 7,000억 원)를 선뜻 내놓겠다고 선언했지만 한국은 북한의 위협을 막기 위해 공짜로 배치해 주겠다는 고고도미사일방어(THAAD·사드) 체계도 중국의 눈치를 보며 배치를 꺼리는 것이 당시의 현실이었다.

한국 정부가 사드 배치 대신 추진하겠다는 한국형 미사일방어(KAMD) 체계 구축 사업에 배정해야 할 예산을 복지 사업에 돌리고 있는 상황은 미국에 안보를 무임승차하겠다는 의도로 비치고 있었다. 글로벌 현안에 대한 기여도 마찬가지였다. 일본이 시리아 난민 지원에 5억 9,000만 달러를 내놓은 상황에서 한국은 고작 1,000만 달러에 그쳤다는 지적도 여기저기서 나왔다.

# 10

# 백악관 이끄는 싱크탱크의 힘

한미동맹 체결 60주년이 된 2013년, 양국 정부는 화려한 기념행사와 각종 사업을 통해 환갑을 맞은 양국 관계를 축하하고 다가올 60주년의 비전을 함께 세우느라 분주했다. '한국 현대사 포털'은 양국의 민간 싱크탱크와 학계, 그리고 '반관반민'의 공공외교가 함께 힘을 모아 탄생시킨 동맹 60년의 뜻깊은 성과였다. 올바른 북한사 정립이 통일의 문화적 밑거름이 된다는 점에서 더욱 그랬다.

★

2015년 1월 8일, 조지 W 부시 대통령 기념재단은 북한 주민들의 인권 향상을 위한 행동요청서인 〈어둠 속의 빛〉을 발표했다. 이 A4 용지 13쪽짜리 보고서는 △ 북한 인권 문제 여론 환기 △ 북한 내 정보 유입 △ 미국 내 탈북자 지원 △ 유엔 내에서 북한 인권 문제를 최우선 과제로 만들기 △ 미국 내에서 북한 인권 문제를 최우선 과제로 만들기 △ 중국의 도움 얻기 등 6개 분야에 걸쳐 담론이 아닌 상세한 '액션플랜'을 제시했다.

가장 도발적인 제안은 북한 내 정보 유입을 획기적으로 늘리기 위한 무인기(드론) 활용으로, 남한 민간단체들이 바람을 이용해 비닐 풍선에 실어 날린 대북전단 태반이 남쪽에 떨어지는 원시적 상황을 획기적으로 개선하자는 것이었다. 북한 주민들에게 무선 인터넷 수

**텍사스주 댈러스시 부시기념관을 구경하는 미국인들(2013. 5. 1)**
9·11테러 직후인 2001년 9월 14일에 뉴욕 맨해튼을 찾은 부시 대통령이 그 유명한 '메가폰 연설'을 하는 장면이 동영상으로 상영되고 있다.

신기를 제공하고 인공위성으로 정보를 뿌려 김정은 정권이 독점하고 있는 인터넷 사용권과 검열권을 원천적으로 빼앗자는 제안도 나왔다.

이는 답 안 나오는 김정은 정권을 상대로 압박이니 대화니 하면서 추상적인 담론을 펴는 것이 아니라 북한 주민들을 아래로부터 직접 변화시키는 구체적인 방법론을 고민했다는 점에서 획기적이었다. 연구의 거버넌스(governance)도 최첨단이었다. 재정 지원은 미국 정부가 아닌 전직 미국 대통령의 기념 재단, 프로젝트의 실무 책임은 부시 행정부에서 일했던 빅터 차 조지타운대 교수가 맡았다. 모두가 민간이었다.

보고서는 몇 가지 더 신선한 내용들을 담고 있었다. 북한 주민들에게 주입해야 할 정보에 대해서는 "북한체제 등에 대한 무작정 부정적이고 비판적인 내용은 주민들의 반발을 불러올 수 있기 때문에 긍정적인 내용도 포함해야 한다"며 그 사례로 △ 북한에서의 시장 성공 상황 △ 여성 기업가의 역할 △ 북한에서의 정보기술(IT) △ 시장을 억압하려는 정부의 시도에 대한 사회적 저항 등을 제시했다.

특히 국제사회의 여론을 환기시키기 위해 북한 여성을 부각시키자는 것은 당시로서는 매우 앞서 나간 제안이었다. 보고서는 "북한 여성들은 조용히 개혁과 저항의 주체가 되고 있다"며 "여성들이 비록 개개인마다 정치적인 의제를 가지지 않더라도 시장 활동을 통해서 북한 변화를 추동하는 긍정적인 발전기의 역할을 하고 있다"고 소개했다.

이 밖에도 유엔 내 북한 인권 문제의 지속적인 확산을 추구하고 미국이 대북정책을 수행하면서 인권 문제를 6자회담 등 비핵화 관련 대화에 포함시키며 인권 유린에 초점을 맞춘 새로운 대북 제재 방안을 찾아야 한다고 지적했다. 인권 문제를 이유로 북한을 다시 테러지원국 리스트에 올리는 방안도 제시됐다. 부시 행정부는 2004년에 세계 최초로 북한인권법을 제정한 바 있다.

빅터 차 교수가 보수적인 관점에서 북한에 대해 한미가 취해야 할 정책 개발과 보고서 작성에 중점을 뒀다면, 우드로윌슨센터의 제임스 퍼슨 박사는 역사학자답게 과거 북한 외교문서 발굴을 통해 객관적인 사료를 찾는 사업에 힘을 쏟고 있었다.

"옛 사회주의 국가들이 보관해 온 북한 관련 외교문서는 '타임캡슐'과 같은 겁니다. 북한 현대사의 새로운 진실이 드러나는 것은 물론이고 〈노동신문〉이나 김일성 저작집 등으로 북한 당국이 홍보했던 내용이 사실과 다르다는 게 확인되기도 하지요."

퍼슨 박사는 2013년 5월 29일 필자와의 인터뷰에서 이렇게 말하며 "내가 하는 일에 북한이 내심 불편해할 수도 있다"며 웃었다. 북한 외교문서는 은밀한 북한 내부 정치 상황을 사후에라도 구경할 수 있게 해 주는 '뒷문' 같다는 것이었다.

우드로윌슨센터의 제임스 퍼슨 박사
(2013. 5. 29)

러시아 모스크바시립대에서 석사과정을 밟으며 북한 외교문서 발굴에 발을 들인 그는 미국의 세계 냉전사 연구기관인 우드로윌슨센터에서 윌슨센터가 2006년부터 한국의 북한대학원대와 진행해 온 '북한 국제문제 조사사업(NKIDP)'을 지휘해 왔다.

그는 옛 소련과 동독 등 동유럽 사회주의 국가들뿐만 아니라 중국 등 수십 개 나라들이 40여 개 문서고에 보유하고 있던 북한 외교문서를 수집해 번역하는 일을 책임지면서 동시에 조지워싱턴대 박사 과정에서 북한 현대사를 연구했다.

혹독한 주경야독(晝耕夜讀)의 결과 북한 주체사상의 생성과 발전, 변화와 퇴락의 전 과정을 다룬 '연대와 자립: 주체사상의 이율배반, 1953~1967'이라는 논문으로 박사학위를 취득했다. 한국의 북한학자들도 제대로 연구하지 않는 주체사상을 벽안(碧眼)의 미국 학자가 제대로 공부해 체계적인 박사 논문을 내놓은 것이다. 그는 논문을 통해 다음과 같이 말했다.

"주체사상은 소련과 중국을 추종하는 형식주의를 배격하고 심리적 식민 상태 청산을 위한 아이디어였습니다. 이후 정치적 자주, 경제적 자립, 군사적 자위라는 실용 정책에 응용됐지만 김일성 독재 강화에 활용되면서 다원주의를 억압하는 수단으로 전락하고 맙니다."

국내 북한학계의 연구 성과를 확인하는 내용의 논문에 세계적인 독창성을 부여한 것은 바로 '자료'였다. NKIDP 사업을 통해 새로 발굴한 북한 외교문서 10만여 쪽 가운데 2만 쪽가량이 논문 자료로 활용됐다. 한두 나라가 아닌 수십 개국의 자료를 종합한 북한 관련 논문의 탄생은 세계적인 쾌거로 일과 공부를 조화시킨 결과였다.

퍼슨 박사는 어렵게 모은 자료를 세계 학자들과 공유하는 '국제적 나눔' 시스템도 구축했다. 윌슨센터는 한국국제교류재단(KF)과 함께 북한 외교 문서를 포함한 한반도 관련 문서를 집대성해 '한국 현대사 포털'을 구축하고 2013년 8월에 공개했다. 포털에서는 한반도 근현대사의 중요 사건을 검색하고 연관된 인물과 근거 자료를 찾아 다운받을 수 있다.

"한반도 근현대사를 국제화하는 아주 중요한 시도입니다. 19세기 말 이후 세계사의 큰 흐름에 한반도의 역사가 어떻게 교직되는지도 보여 주죠. 역사적 문서들을 한 개인이나 기관이 독점하는 것이 아니라 공유하려는 시도이기도 합니다. 같은 문서를 복사하러 모든 연구자들이 러시아 국립문서보관소에 갈 필요가 없도록 하자는 겁니다."

퍼슨 박사는 "박사 논문을 쓰는 동안 한국의 북한 연구자들이 1990년대 이후 내놓은 탄탄한 저술들을 한글 사전을 찾아가며 읽고 도움을 받았습니다"라며 "한글 저작물들을 영어로 번역해 세계에 널리 알리는 작업이 필요합니다"라고 말했다. 박사가 된 뒤에도 윌슨 센터에서 일하며 대학에서 한국사를 강의할 계획이었던 그는 '재정적 지원'이 있다면 한국 저작물 번역 사업을 다음 과제로 삼고 싶다고 말했다.

북한을 연구하는 학자들에게 중요한 기술 가운데 하나는 바로 공간(公刊·공식적으로 발행되는) 문헌의 행간을 잘 읽는 것이다. 《김일성 회고록》, 《김정일 선집》 같은 최고 지도자의 발언록이나 〈노동신문〉 등이 발표하는 글을 그대로 믿어선 안 된다. 북한 당국은 '김씨 왕조'를 찬양하고 체제를 미화하기 위해서라면 종종 사실을 왜곡하거나 과장, 은폐하는 데 주저하지 않기 때문이다.

그래서 김일성 주석의 일제강점기 항일 운동사부터 1948년 '조선민주주의인민공화국' 건국 이후 북한 현대사 이곳저곳에는 외부 세계가 검증해 바로잡고 채워 넣어야 할 부분이 적지 않다. 그 작업은 북한이라는 국가가 사라진 뒤에도 계속되어야 할지 모른다. '한국 현대사 포털'은 그 작업을 위한 중요한 한 걸음이었다. 과거 평양에 주재했던 동유럽 사회주의 동맹국들과 중국을 비롯한 수십 개국의 외교관들이 현장에서 보고 듣고 확인한 사실을 본국에 보고한 '외교 전문'을 발굴해 모은 이 포털에서는 '북한 핵개발사'나 '김일성 대화록', '푸에블로호 납치사건' 등 주제별로 세계 40여 개 문서창고에서 나온 외교문서들을 직접 보고 내려받을 수 있다.

2013년 8월 22일, 퍼슨 박사는 공식 오픈 기자회견에서 "포털은 미국이 아닌 한국의 사업"이라며 한국 측 파트너들에게 공을 돌렸다. 실제 북한대학원대에서는 교수들이 미국에 파견돼 문서 발굴에 참여했다. 외교부 산하 한국국제교류재단(KF)은 문서 발굴과 포털 구축에 필요한 재정 지원을 했다. '북한 역사 바로 세우기'를 위한 한미공조인 셈이었다.

한미동맹 체결 60주년이 된 2013년, 양국 정부는 화려한 기념행사와 각종 사업을 통해 환갑을 맞은 양국 관계를 축하하고 다가올 60주년의 비전을 함께 세우느라 분주했다. '한국 현대사 포털'은 양국의 민간 싱크탱크와 학계, 그리고 '반관반민'의 공공외교가 함께 힘을 모아 탄생시킨 동맹 60년의 뜻깊은 성과였다. 올바른 북한사 정립이 통일의 문화적 밑거름이 된다는 점에서 더욱 그랬다.

센터는 북한 외교 문서를 계속 수집·번역해 일주일 단위로 포털에 공개하기로 했다. 자료 부족을 무릅쓰고 북한사를 바로잡으려고 노력해 온 학자들이 포털의 단골손님이 될 듯했다. '진실은 언젠가는 알려진다'는 경고를 통해 북한 당국이 조금이라도 덜 왜곡된 역사를 기술하도록 하는 것도 포털의 순기능 가운데 하나일 것이었다.

**특파원 칼럼 2014/12/8** **워싱턴의 '분단 저널리즘' 토론회**

북한의 3대 세습 지도자 김정은이 돌연 공개 석상에서 사라져 그의 행적을 놓고 국제사회의 추측이 분분하던 올해 9월 말, 미국 뉴욕에 사무실을 둔 한 중화권 매체가 북한 내 쿠데타와 김정은 연금설을 보도해 잠시 세계의 눈길을 끌었다.

이름도 처음 듣는 이 매체는 중국어로 "북한 내에서 정변이 일어났고 이로 인해 김정은이 연금 상태에 놓였다. 이번 정변은 황병서 등이 주도한 것이다. 국방위원회 부위원장으로 북한의 2인자가 된 그는 김정은을 대신해 합법적으로 서명을 할 수 있게 됐다"고 보도했다.

통일부와 외교부를 출입하면서 이명박 정부 5년 동안 북한 기사를 쓰고 있을 때 가장 고된 업무의 하나는 국내외의 다양한 매체가 시도 때도 없이 쏟아내는 북한 기사의 진위를 확인하는 일이었다. 오죽하면 맞건 틀리건 지르고 보는 북한 기사 쓰기 관행에 '분단 저널리즘'이

(계속)

라는 이름표를 달고 그 원인과 극복 방법을 논하는 책까지 냈을까.
혹시나 하는 마음에 뉴욕 특파원에게 맨해튼의 사무실에 가 봐 달라고 부탁했다. 아니나 다를까. 주소에 적힌 사무실은 달랑 오피스텔이었고 그나마 기자들은 없고 회계와 총무 일을 본다는 직원 한 명이 지키고 있을 뿐이었다. '특종 기자'를 만나게 해달라고 하자 이 직원은 이메일을 보내 직접 물어보라고 했다. 이쯤에서 추적을 그만뒀다.
미국의 주류 언론들은 북한 기사를 많이 쓰지도 않고 무리하지도 않는다. 하지만 가끔 북한 관련 소식은 '미디어 안보 상업주의'의 소재가 된다. 지난해 봄 북한이 장거리 미사일로 미국 본토를 공격하겠다고 떠들어 댔을 때 마치 전쟁이 날 것처럼 확성기를 튼 매체는 CNN이었다. '공갈'이라며 점잖게 무시하던 〈워싱턴포스트(WP)〉와 크게 다른 태도였다.
5일 오후 미국 수도 워싱턴에서 '북한 보도: 도전과 문제, 함정'이라는 도발적인 주제로 한미 언론인 공동 세미나가 열린 것은 양국의 북한 연구 학계와 언론계가 이런 현상에 공통적으로 우려감을 느꼈기 때문이다. 세미나는 미국의 냉전사 연구기관인 우드로윌슨센터와 한국의 경남대 극동문제연구소, 북한대학원대가 공동 주최한 2014년 워싱턴 포럼의 한 세션으로 마련됐다.
이번 행사의 미국 측 기획자인 윌슨센터 제임스 퍼슨 역사·공공정책 프로그램 부소장은 "김정은이 공개 석상에 나타나지 않은 40일 동안

(계속)

일부 언론과 매체들이 보인 행태는 되짚어 볼 필요가 있다"며 "미국에서도 확인되지 않은 정보를 마치 사실인 양 확대 재생산하는 전문가들의 폐해가 적지 않았다"고 지적했다.

토론에 나선 다섯 명의 한미 양국 기자는 한목소리로 '관심은 많은데 정보는 적은' 북한 보도의 구조적 환경에서 사실과 진실을 찾아내야 하는 현장의 어려움을 토로했다. 행사의 한국 측 좌장인 선준영 경남대 석좌교수(전 유엔대사)도 "북한에 대해 같은 사실을 놓고 성향이 다른 매체들이 상반된 보도를 하는 행태도 문제"라고 말했다.

기자도 패널로 참석해 '분단 저널리즘'을 극복하는 열 가지 방법론을 소개했다. 작은 정보를 교차 확인하는 과정에서 더 큰 정보를 얻고 전 세계 문서고에서 옛 북한 외교문서를 찾아 잊혀진 진실을 찾아내는 등 객관적 사실 확인에 힘써야 한다고 했다.

통일이 되면 '분단 저널리즘'도 사라질 것이다. 통일로 가는 과정에서 언론이 제 역할을 다하기 위해서는 독자와 시청자들의 신뢰를 잃지 않아야 한다. 통일을 위해 우선 '분단 저널리즘'을 극복하려는 노력이 필요한 이유다.

오바마 행정부의 '전략적 인내' 정책이 계속되면서 사실상 임기 마지막 해인 2015년으로 접어들자 북한이 사실상 무방비 상태로 핵미사일 개발 능력을 개발하고 있다는 지적이 여기저기서 나오기 시작했다. 특히 북한의 핵능력을 막을 방법은 외교와 대화밖에 없다고 생각하는 미국 내 진보진영에서 잇달아 경고음이 나오기 시작했다.

북한이 5년 후인 2020년에 최대 100개의 핵무기와 미국 본토를 공격할 수 있는 최신형 이동식 대륙간탄도미사일(ICBM)인 KN-08을 20~30기 보유할 수 있다는 최악의 시나리오가 나왔다. 미국의 북한 전문 웹사이트 '38노스'를 운영하는 조엘 위트 존스홉킨스대 한미연구소 초빙연구원은 2015년 2월 24일 워싱턴 특파원 대상 브리핑에서 당시 북한이 가진 핵무기를 10~16개로 전제할 때 북한 핵능력을 △ 저성장 △ 중간성장 △ 고성장 등 세 가지로 상정한 뒤 2020년에 예상되는 핵무기 개수와 폭발력을 계산했다.

최악의 시나리오인 고성장의 경우 북한 핵무기 수는 100개에 이

북한 위성사진을 발표 중인 조엘 위트 존스홉킨스대 한미연구소 초빙연구원(2014. 10. 1)

를 것으로 전망됐다. 저성장의 경우 20개, 중간성장의 경우 50개라는 추정치가 제시됐다. 핵무기의 평균 폭발력은 저성장의 경우 10kt(킬로톤), 중간성장은 10~20kt, 고성장의 경우 20kt 이상으로 추정됐다. 고성장은 전술핵무기를 필요한 곳에 얼마든지 배치할 수 있는 단계라고 위트 연구원은 지적했다. 북한 미사일 개발의 세 가지 시나리오도 제시했다. 현대화 정도를 △ 최소 수준 △ 현재 수준 △ 최대 수준으로 구분한 뒤 최대 수준의 경우 미국 서부 해안과 알래스카를 사정권에 두는 최신형 이동식 대륙간탄도미사일인 KN-08 20~30기를 실전에 배치할 수 있다고 경고했다.

미 국무부 북한담당관 출신인 위트 연구원은 "버락 오바마 행정부는 '전략적 인내' 정책을 고수하며 사실상 북한 핵개발을 방치했다"며 "이대로 북한의 핵개발을 용인한다면 2020년 한국, 미국, 일본은 매우 심각한 상황에 봉착할 것"이라고 강조했다.

진보진영만이 아니었다. 워싱턴 보수진영을 대변하는 유력 싱크탱크인 헤리티지재단은 북한의 핵·미사일 개발 속도로 볼 때 북한이 조만간 4차 핵실험에 나설 수 있다고 경고했다. 같은 달 24일 '2015년 미국 군사력 지수' 보고서에서 "김정은 정권은 비핵화는 물론이고 비핵화를 위한 6자회담에도 복귀할 뜻이 없다"며 "북한의 핵, 미사일, 사이버전 수행 능력은 한반도는 물론이고 미국 본토에도 실질적이고 명백한 위협이다"라고 밝혔다.

보고서는 또 "북한이 이미 중거리 미사일인 노동 미사일에 소형화

한 핵탄두를 탑재하는 능력을 확보했을 수도 있다"고 지적했다. 보고서는 북한이 단거리 스커드 미사일(사거리 300~500km) 800기, 중거리 노동 미사일(1,300km) 300발과 무수단 미사일(3,000km 이상) 50기를 보유하고 있으며 장거리 대포동 미사일도 꾸준히 향상시키고 있다고 소개했다. 대포동 미사일의 사거리는 미국 서부는 물론이고 시카고처럼 워싱턴에서 가까운 중부권에까지 이른다고 적시했다.

보고서는 "북한은 10개의 핵탄두를 갖고 있는 것으로 추정된다. 미사일 사거리를 지속적으로 증가시키려고 시도하는 만큼 조만간 4차 핵실험을 감행할 수도 있다"고 내다봤다. 또 북한이 언제든 한국에 기습공격을 할 수 있도록 비무장지대(DMZ)로부터 144km 이내에 병력의 70%를 전진 배치했으며 2010년 천안함 폭침 사건에서 보았듯이 재래식 무기도 매우 큰 위협이 되고 있다고 덧붙였다. 단순 비교했을 때 13개 군사항목 중 전투병, 탱크 등 11개 분야에서 북한이 한국보다 우위에 있다는 것이었다.

5년 뒤 북한이 핵무기 100개를 가질 수 있다는 위트 연구원의 분석에 대해 한미 당국자들은 '충격적'이라는 반응을 보였다. 성 김 국무부 대북정책특별대표 겸 동아시아태평양 부차관보는 이날 워싱턴의 한 세미나에서 "(이번 분석에 대해) 구체적으로 언급할 수는 없지만 북한이 지속적으로 핵무기 개발 능력을 발전시키고 있다는 사실에 깊이 우려하고 있다"고 말했다.

일각에서는 위트 연구원의 분석과 헤리티지 보고서에 대해 과학적 근거가 부족하고 이미 공개된 한국 자료를 그대로 인용한 것이라는 지적이 나왔다. 한 워싱턴 외교 소식통은 "북한 핵능력 고도화가 문제인 것은 맞지만 위트 연구원은 이를 과학적으로 추정할 수 있는 위치에 있지 않다"고 말했다. 한국 군 당국은 헤리티지 보고서에 대해 "단순한 양적인 차이로 북한 군사력이 우위에 있다고 보는 것은 난센스"라고 지적했다. 하지만 다음 해 1월 6일 북한의 4차 핵실험으로 시작된 2년 동안의 핵무력 완성 국면은 이들의 경고가 단순히 책임 없는 얼굴 알리기 차원이 아니었다는 것을 증명했다.

1996년부터 북한 인권 운동에 앞장서 온 수잰 숄티 북한자유연합 회장 역시 워싱턴에서 독보적인 민간 대북인권 운동가였다. 그는 2013년 2월 15일 워싱턴 주미 한국대사관에서 한국 정부가 주는 수교훈장 숭례장을 받은 뒤 "이제 자유세계의 누구나 북한의 김일성, 김정일, 김정은 3대 세습 독재정권을 교체해야 한다는 데 동의한다. 우리 모두 그것을 위해 함께 일하자"고 역설했다. 숄티 여사는 10여 분 동안의 연설을 마치면서 "독재정권이 무너지고 북한 주민들이 진정한 자유를 누릴 수 있을 때, 한국이 한강의 기적을 이룬 것처럼 북한에서 대동강의 기적이 이뤄질 수 있을 것"이라며 "자유 북한"을 외쳤다. 대사관 1층 행사장을 찾은 축하객 50여 명은 일제히 박수를 쳤다.

이날 발언은 3차 핵실험 이후 '북한 문제 해결을 위한 궁극적인 방법은 핵으로 생존하려는 북한 김씨 정권의 교체'라는 공감대가 워싱

최영진 주미대사에게서 수교훈장 숭례장을 받는 수잰 숄티 북한자유연합 회장
(2013. 2. 15)

탈북자 강제북송에 반대하며 라오스 정부를 규탄하는 피켓을 든 수잰 숄티
(2013. 6. 5)

턴 정가에 빠르게 확산되고 있는 가운데 나온 것이었다. 그는 "북한은 3차 핵실험에 15억 달러, 지난해 장거리 로켓 발사에 8억 5,000만 달러를 낭비했다"며 "3대에 걸친 김씨 왕조의 독재 때문에 너무 오랫동안 최악의 고통을 받고 있는 북한 주민을 생각할 때마다 마음이 매우 아프다"고 말했다.

숄티 여사는 "북한 인권 운동이 힘들고 고달팠지만 이를 계속했던 이유는 미국의 도덕적 의무감과 북한의 열악한 인권 상황, 그리고 종교적 신념"이라고 소개하면서 이명박 대통령을 대신해 자신에게 훈장을 수여한 최영진 대사의 극적인 인생사를 언급해 눈길을 끌었다. 비무장지대(DMZ)를 사이에 둔 남과 북의 삶이 너무도 다르다는 대목에서 "6·25전쟁 당시 인천상륙작전으로 인민군이 서울에서 퇴각할 때 마을 주민들과 함께 북송되던 최 대사의 어머니는 어린 아들의 볼을 꼬집어 울게 한 뒤 대열에서 이탈할 수 있었다"고 소개했다.

이날 행사에는 로버타 코언 미 북한인권위원회 공동위원장과 그레그 스칼라튜 사무총장, 리비 리우 자유아시아방송(RFA) 사장 등 미국 내 북한 인권 운동 관계자들과 숄티 여사의 가족, 지인, 대사관 관계자들이 참석했다.

이 가운데 스칼라튜 사무총장은 필자가 보아 온 3년 동안 일관되게 북한 인권 문제를 제기하면서 북한 수용소 위성촬영 사진 등을 활용한 북한 인권 이슈의 국제화에 힘을 쏟았다. 그는 채널A가 제작한 탈북 아동 다큐멘터리 〈특별취재 탈북〉이 워싱턴에서 상영되는 데 결정적인 역할을 했다. 미국의 북한인권법 제정 10주년을 기념해 HRNK와 한미경제연구소(KEI)가 2014년 10월 17일 개최한 '북한인권법: 10년 후' 세미나에서 말이다.

이에 앞서 〈동아일보〉는 미국인 시청자를 위해 이 다큐멘터리에 영어 자막을 넣은 DVD 두 편을 HRNK 측에 전달했다. 그레그 스칼라튜 HRNK 사무총장은 "아주 감동적이고 북한 인권의 실상을 제대로 보여 주는 다큐멘터리"라며 공개 상영을 결정했다. 주최 측은 "〈특별취재 탈북〉은 동아미디어그룹의 종합편성 TV인 채널A가 제작했으며 그해 4월 제47회 미국 휴스턴 국제영화제에서 다큐멘터리 부문 대상을 수상했다"고 소개했다. 스칼라튜 사무총장은 "존 케리 미 국무장관이 지난달 유엔에서 미국 외교수장으로는 처음으로 북한 인권 관련 회의에 공식 참석하는 등 북한 인권에 관심이 높아지고 있는 상황에서 채널A가 심혈을 기울여 제작한 영상을 방영할 수 있게 돼 기쁘게 생각한다"고 말했다.

실제로 17일 오전 세미나에 참석했던 130여 명 가운데 절반가량이 남아 오후 1시부터 샌드위치로 식사를 대신하면서 그해 4월 미국 휴스턴 국제영화제 대상 수상작품을 감상했다. 마크 토콜라 한미경제연구소(KEI) 부소장은 "탈북자들이 실제로 어떤 일을 겪는지 보고 들을 수 있었다. 더 많은 이들이 이 다큐멘터리를 보길 바란다"고 말했다. 로베르타 코헨 북한인권위원회(HRNK) 이사회 공동의장

북한인권위원회(HRNK)와 한미경제연구소(KEI)가 주최한 북한 인권 세미나에서 상영된 채널A의 다큐멘터리 〈특별취재 탈북〉(2014. 10. 17)

도 "북한 사람들이 악조건 속에서 탈출을 시도하는 모습이 매우 감동적이었다"고 평가했다.

앞서 열린 세미나에는 탈북 여성인 재미탈북민연대 조진혜 대표가 나와 북한 인권 상황을 고발했다. 그는 "북한 고아들을 구출한다거나 탈북자들을 미국으로 대거 받아들인다거나 중국 경제를 압박해서 탈북자 강제 북송을 막는 등의 조치가 있었으면 좋겠다"고 말했다. 그는 "언제까지 계속해서 토론만 할 것이냐. 정말 미국이 마음만 먹는다면 북한을 무너뜨리는 것은 순식간이라고 본다"며 2004년 미 의회가 북한인권법을 제정한 뒤 10년이 흘렀지만 북한 내 인권 유린은 계속되고 미국인들은 앉아서 토론만 하고 있다며 불만을 토로했다. 한국에서는 야당의 반대로 북한인권법 제정이 지연됐지만 미국은 이미 2004년에 상하원 여야 합의로 북한인권법을 통과시켰다. 조지 W 부시 당시 대통령은 그해 10월 18일 이 법에 서명했다. 미 행정부는 이 법에 따라 국무부에 북한인권특사 직제를 신설하고 국내외 대북 방송과 북한 민주화 운동을 지원하고 있다.

"2차 세계대전 중 600만 명이 넘는 많은 유대인이 나치에 의해 학살됐습니다. 모두들 알았지만 '그렇게까지?'라고 생각했다고 들었습니다. 지금 우리도 그렇지 않습니까? 북한에서 300만 명이 굶고 맞아 죽어 간 사실이 많이 알려졌지만 언제까지 계속 모니터링만 하고 지켜만 봐야 하는지 답답할 따름입니다."

미국 정부를 대표해 참석한 국무부 로버트 킹 대북인권 특사는 "북한의 인권 문제를 계속 제기하고 싸워 나가야 합니다"라며 "최근 이수용 북한 외무상의 유엔총회 참석 등은 북한 정부가 인권 문제를 강조하는 국제사회의 움직임에 불안해한다는 증거이고 이 싸움에서 우리가 이기고 있다는 것을 보여 준 사례"라고 평가했다.

★

에필로그

# 오바마는 왜 트럼프처럼 김정은을 다루지 않았을까

"친애하는 세계 시민 동포 여러분. 저는 오늘 이 자리에서 한반도 비핵화에 대한 저와 북조선 인민의 진정 어린 뜻을 전하고자 합니다. 비록 헌법에 핵보유국임을 명시했지만, 여러분이 바라는 한반도 평화와 안정을 위해 저는 할아버지와 아버지의 유훈을 이웃 나라들과의 협력을 통해 관철해 나가고자 합니다."

북한 핵문제 해결을 위한 6자회담의 포괄적 합의인 2005년 9·19공동성명 채택 8주년에 맞춰 중국 베이징(北京)을 방문한 김정은 노동당 제1비서는(2013년) 9월 19일 오후 시진핑(習近平) 중국 국가주석과의 정상회담 직후 기자회견을 열고 이같이 말했다. 2009년 버락 오바마 미국 대통령의 취임 이후 공전됐던 6자회담의 화려한 재개를 알리는 역사적인 순간이었다.

김정은 개인에게는 첫 방중을 성공적으로 끝내고 화려하게 국제 외교무대에 데뷔하는 장면이기도 했다. 전 세계가 그를 주목했다. 더 이상 미국 본토를 핵·미사일로 타격한다며 인민군 장성들을 모아 놓고 미국 지도에 손가락질을 하던 올해 3월의 그가 아니었다. 그의 진정성에 회의적이던 미국도, 불안해하던 중국도 모두 안도의 한숨을 내쉬었다.

이에 앞서 김정은은 6·25전쟁 종전 60주년 기념일인 7월 27일 CNN과 BBC 등 세계 유명 언론을 평양으로 불러들여 6자회담 재개를 위한 비핵화 사전조치를 전격 발표했다. 핵·미사일 발사 실험 유예와 우라늄 농축 중단, 국제원자력기구(IAEA) 사찰단 복귀 등 기존 2·29합의를 존중할 뿐만 아니라 숨긴 우라늄 농축시설 신고 등 이른바 '+α'까지 실천할 용의가 있다고 선언했다.

이어진 8월 한반도 남쪽에 따뜻한 '북풍'이 몰아쳤다. 가다 서다 하던 남북대화도 순풍에 돛을 단 듯했다. 개성공단 조업이 재개되고 8·15광복절을 계기로 남북 이산가족 상봉 행사가 4년 만에 재개됐다. 금강산 관광 재개를 위한 회담도 시작됐다. 인도적 지원단체들이 각종 물자를 싣고 개성 육로를 넘어 방북했다.

북한은 지난해 11월 간첩 혐의로 체포되어 15년의 노동교화형을 선고받은 재미교포 케네스 배(배준호) 씨를 석방했다. 북미 전문가 대화가 평양과 워싱턴에서 열리고 6자회담 재개를 위한 양국 당국 간 실무접촉이 아시아와 유럽의 제3국에서 열렸다. 2·29합의 파기 18개월 만에 북미 당국자들이 머리를 맞댄 것이다.

김정은의 전향적인 태도에 오바마 행정부도 오랜 '전략적 인내'에서 벗어났다. 오바마 대통령은 '중국을 압박해 북한을 변화시킨다'는 자신의 정책이 성공했다고 자랑했다. '대화파' 존 케리 국무장관도 뜻대로 되지 않는 중동 평화회담과 시리아, 이집트 사태를 뒤로하고 북한 문제에 매달렸다. 북한과의 대화는 내년 의회 선거에 민주당의 호재로 떠올랐다.

이것은 필자가 워싱턴 특파원 1년차였던 때에 2013년 7월 15일자 〈동아일보〉 '특파원 칼럼'에 쓴 글의 일부다.

한미 전문가들과 머리를 맞대 '모두가 원하는' 최선의 시나리오를 "김정은의 '화려한 9월' 시나리오"라는 제목으로 구성해 본 것이다. 미중 양국이 그해 7월 10~11일 워싱턴에서 전략대화를 갖고 북한 비핵화에 한목소리를 내기 직전 북한은 '7·27전승기념절'을 맞아 서방 언론을 평양으로 초대하고 김성남 북한 노동당 국제부 부부장이 중국을 방문하는 등 수상한 행보를 계속하고 있었다.

물론 나는 이 시나리오가 현실화될 가능성에 회의적이었다. 집권 3년차였던 당시의 김정은은 미국 등 국제사회와의 대화를 통해 비핵화 논의를 진전시키고 남북관계를 개선하는 것은 당면한 지상과제인 '3대 세습체제 공고화'에 별로 도움이 되지 않는다고 보고 있을 가능성이 컸기 때문이다. 오히려 도발과 대외적 긴장 조성이 더 쉽고 확실한 국내정치적 처방이라고 믿고 있을 것으로 봤다. 전년 12월 서울을 떠나기 전 이명박 정부 5년의 남북관계를 《분단 저널리즘 뛰어넘기》라는 책으로 펴내면서 이런 논거를 들어 북한이 남한 새 정부 5년, 오바마 2기 행정부 4년 동안 진정성 있는 남북·북미 대화에 나오지 않을 것으로 전망했다. 워싱턴 체류 기간 내내 그것이 잘못된 예측으로 드러나기를 바랐다. 한반도의 평화와 안정, 나아가 8,000만 민족의 생존과 번영을 위해서 말이다.

역시나 기대는 이뤄지지 않았다. 앞에서 본 바와 같이 버락 오바마 행정부 임기 동안 북한 핵·미사일 문제는 역대 최고로 악화됐다. 북한은 오바마 대통령 2기 취임 직후인 2013년 2월에 3차 핵실험을 단행한 데 이어 재임 마지막 해인 2016년 1월 6일에 4차 핵실험 도발을 하면서 이후 2년 동안 전례 없는 핵·미사일 실험을 했다. 2017년 12월 12일 김정은이 '핵무력의 완성'을 선언할 때까지 상황은 돌이킬 수 없이 악화되고 말았다. 결국 내가 쓴 칼럼은 대략 4년 6개월 뒤인 2018년 1월 1일 김정은의 신년사 발표로 현실화되었다.

2016년 1월 6일에 4차 핵실험으로 시작된 2년 동안의 북한 도발국면과 2018년 신년사를 필두로 2018년 6월까지 이어지고 있는 대화국면에 대해서는 다음에 별도의 저술을 통해 정리할 기회가 있을 것으로 기대한다. 여기서는 미국 대북정책의 변화와 연속성의 측면에서 오바마 대통령이 형성한 대북정책 패키지의 개별 수단들이 트럼프 행정부에서 어떻게 승계되고 변화되었는지를 간략하게 살펴보기로 한다.

① 북한 비핵화 지상주의: 트럼프 대통령은 취임 이후 한반도 통일이라는 지나치게 폭이 넓고 가능성이 다양한 추상적 가치보다는 북한의 비핵화라는 구체적이고 제한적인 목표에 집중했다. 그 수단의 하나로 북한 김정은 정권의 교체(regime change)라는 극단의 언어적 공갈도 동원한 것으로 평가할 수 있다. 실제로 트럼프 대통령은 김정은 참수 작전 등을 훈련의 형태로 공개했다. 2017년 11월 베이징에서 열린 미중 정상회담에서 트럼프 대통령이 시진핑 주석과 김정은 정권의 교체 문제를 논의했고 직후 방북한 쑹타오 중국 공산당 대외연락부장이 이를 김정은에게 알려 최종적으로 북한을 대화의 장으로 끌어냈다는 관측도 나온다. 트럼프 대통령은 그러나 2018년 6월 12일 김정은과의 정상회담에서 '새로운 북미관계'를 대가로 '한반도의 완전한 비핵화'를 요구하는 공동합의문에 서명했다. 핵을 버리는 조건으로 김정은 독재정권의 영속을 보장한다는 약속을 한 것이다.

② 의회가 주도하는 대북정책: 2016년 12월 선거에서 미국 공화당이 하원과 상원을 동시에 장악하면서 트럼프 행정부와 의회 간의 대북정책 공조는 더욱 강화되었다. 2017년 9월

트럼프 대통령이 유엔 총회 연설에서 북한을 "완전히 파괴하겠다"고 발언한 데 대해 민주당과 언론에서 논란을 제기하자 공화당 진영은 "미국 대통령다웠다"며 치켜세웠다. 린지 그레이엄 상원의원은 "매우 감명을 받았다"고 말했다. 미국공화당 유권자들이 11월 중간선거에서 가장 주목해야 하는 이슈로 북핵 위기를 첫손에 꼽았다. 미국 카이저가족재단은 선거를 앞두고 실시한 여론조사에서 공화당 지지자 중 31%가 북핵 이슈를 '중간선거 후보들이 가장 중요하게 다뤄야 하는 문제'로 꼽았다.

③ 더 강화된 미국의 독자 제재: 트럼프 행정부는 2017년 1월 출범 이후 12월까지 모두 여섯 번의 대북 제재를 통해 기관 46곳, 개인 49명, 선박 20척을 제재 대상에 올려놨다. 미 재무부는 12월 21일 북한의 핵과 미사일 개발 프로그램에 대한 불법적 자금 유입을 차단하기 위해 중국인 1명과 북한 및 중국 기관 13곳, 북한 선박 20척에 대한 제재를 발표했다. 전날 북한을 테러지원국으로 지정한 도널드 트럼프 대통령이 예고한 대로 무더기 대북 제재를 발표한 것이다. 이에 앞서 트럼프 대통령은 2017년 8월 2일 북한과 러시아, 이란을 제재하는 패키지 법안에 서명했다.

④ 선제타격 직전까지 간 대북 무력시위: 김정은이 전략적 판단을 바꿨다면 미국의 전략폭격기 B-1B 2대가 2017년 9월 23일 밤에 북한 쪽 동해 국제공역까지 날아가 무력시위를

벌인 것이 결정적인 계기였을 것이라는 관측이 많다. '죽음의 백조'로 불리는 B-1B는 괌 미군기지에서 날아와 오키나와 주일미군 소속 F-15C 전투기의 호위를 받으며 동해 북방한계선(NLL) 연장선 북쪽 공해상 깊숙이 날았다. 비행경로를 통해 추정해 본 결과 풍계리 핵실험장을 폭파하고 평양 상공으로 와 김정은에 대한 참수작전 훈련을 한 것으로 보인다. 2017년 4월 15일 태양절을 맞아 전략도발 축포를 쏘려던 김정은은 핵 추진 칼빈슨 항모전단을 앞세운 미국의 '선제적 억지'에 눌린 듯 잠시 숨을 고르기도 했다.

⑤ 대북 인권 제재의 실행: 미국 재무부는 2017년 10월 26일(현지 시간) 탈북자를 탄압하고 북한 해외 노동자를 착취한 북한 관리와 외교관 7명 및 3개 기관을 제재 대상에 추가했다. 오바마 행정부 마지막 해인 2016년 7월 1차를 시작으로 미국의 세 번째 대북 인권 제재다. 특히 트럼프 대통령은 역사적인 첫 중국 방문을 앞두고 베이징 주재 북한 외교관을 처음으로 제재 대상에 포함시켰다. 북한을 압박하는 명분에 불과했던 대북 인권 제재가 북핵 완성의 마지막 국면에서 실행된 것이다.

⑥ 국제사회 대북 제재의 심화와 확대: 유엔 안전보장이사회는 북한의 ICBM급 '화성-15형' 발사에 대응해 2017년 12월 22일 대북 제재 결의안 2397호를 채택했다. 대북 정유제품 공급량을 연간 200만 배럴에서 50만 배럴로 감축

하고 중국의 원유 공급량을 현행 수준으로 알려진 '연간 400만 배럴'로 제한했다. 해외 파견 북한 노동자의 24개월 이내 귀환 조치도 함께 내렸다. 안보리는 2017년 9월 11일 결의안 2375호를 만장일치로 통과시키는 등 2016년 1월 이후 2년 동안 모두 여섯 차례의 대북 제재 결의안을 채택했다. 사실상 모든 국가가 북한 핵미사일의 사정권 안에 놓이자 이를 막기 위한 세계 각국의 공동 대응 분위기가 확산된 것이다. 북한에 우호적이었던 국가들도 미국의 국제 연대 요청에 호응해 북한에 대한 독자 제재에 나섰다.

⑦ 원칙 있는 대화 기조의 유지: 트럼프 대통령은 여러 차례 북한과의 대화 가능성을 언급했지만 실질적인 비핵화라는 조건을 굽히지 않았다. 존 설리번 미국 국무부 부장관은 2017년 10월 18일 "우리(미국)의 목표는 계속된 압력을 통해 북한이 조건을 달지 않고 협상 테이블에 나오게 하는 것"이라고 밝혔다. 설리번 부장관은 이날 서울 외교부 청사에서 한미일 외교차관협의회 직후 가진 기자회견에서 "과거 정부는 북한 정권의 위협을 줄이지 못했다"면서 "우리는 외교에 집중하고 압력을 계속할 것이며 한반도 비핵화 달성이 (궁극적) 목표"라고 했다. 트럼프 대통령은 그러나 2018년 6월 12일 북미정상회담에서 완전하고 검증 가능하고 불가역적인 비핵화(CVID)라는 명확한 목표와 구체적인 실행 로드맵을 관철시키지 못해 국제사회의 비난을 받았다.

⑧ 중국과의 협력 강화: 중국은 유엔 대북 제재 결의안 가결은 물론 실행에 있어서 트럼프 대통령의 미국과 긴밀히 협조하고 있다. 유엔 안전보장이사회는 2018년 3월 30일 북한과의 석유·석탄 불법 무역에 관련된 선박 27척, 무역회사 21곳, 개인 1명 등 모두 49건을 제재 대상에 추가했으며 중국은 이에 동의했다. 중국은 독자적인 대북 유류제품 수출 및 금융 거래 중단에도 나섰다. 수전 손턴 미 국무부 동아시아태평양 담당 차관보 대행은 2017년 9월 30일 상원 금융위원회 청문회에 출석해 "대북 제재 이행에서 중국과 긴밀히 협조하고 있으며 명백히 진전을 보이고 있다"며 "중국의 대북정책이 바뀌고 있다고 본다. 전면에 나서고 있다"고 평가했다. 태영호 전 북한 영국대사관 공사도 2018년 5월 13일 뉴시스 인터뷰에서 2017년 9월부터 12월까지의 유엔 대북 제재가 북한의 태도를 급변시켰다고 분석했다.

⑨ 한국의 '운전자론'과 한일관계 관리: 박근혜 대통령의 국정농단과 탄핵 사태로 2017년 5월 9일 조기 대선에서 승리한 문재인 대통령은 북핵 해결에 집중해 왔다. 사드 배치 등을 둘러싼 초기 갈등 조짐에도 문 대통령은 이른바 '운전자론'을 들고 나오며 대북정책의 주도권을 행사하려 노력했다. 서훈 국정원장이 중심이 되어 치열한 대북 물밑 협상을 벌인 결과 2018년 평창겨울올림픽 북한 대표단 참석 및 4월 27일 남북 정상회담이 성사됐다. 판문점 선언에 대한

보수 진영과 진보 진영의 상반된 평가가 있지만 이는 김정은의 비핵화 진정성과 북미회담의 결과에 따라 역사가 판단할 문제다. 이에 대해서는 이 글의 마지막 부분에서 짧게 언급하려고 한다. 문 대통령은 2015년 12월 한일 위안부 합의에 부정적인 시각을 표출하면서도 이것이 한일 간 북핵공조에 영향을 주는 것을 막는 자제력을 보이고 있다.

⑩ 트럼프의 트위터에 가린 민간: 사실상 트럼프 대통령이 트위터로 주도하는 대북정책의 현란한 홍보 속에서 민간의 목소리와 영향력은 상대적으로 묻히는 형국이다. 전체를 평가할 순 없지만 필자가 워싱턴에서 교류했던 민간 전문가들은 대체로 고전하고 있다. 빅터 차 조지타운대 교수는 트럼프 행정부의 첫 주한미대사로 지명됐다가 알 수 없는 이유로 철회당하는 수모를 당했다. 제임스 퍼슨 박사는 자신이 만들어 키운 우드로윌슨센터의 '북한 국제문제 조사사업(NKIDP)'과 한국역사·공공정책센터를 뒤로 하고 존스홉킨스대로 자리를 옮겼다. 문재인 정부가 이 대학의 한미관계연구소(SAIS)에 대한 재정 지원을 중단하면서 조엘 위트의 '38노스'는 한국과 무관한 단체가 되었다. 북한인권위원회(HRNK) 그레그 스칼라튜 사무총장도 신동혁 거짓말 후폭풍 이후 줄어든 미국 여론의 관심을 되돌리려 노력하고 있다.

이상 살펴본 것처럼 오바마와 트럼프 행정부의 대북정책에는 변화와 연속성이 공존한다. 가장 큰 차이점은 아마도 대북정책의 우선순위와 주도성일 것이다. 트럼프 대통령이 여러 외교 사안 가운데 북핵 문제 해결에 우선수위를 두었고, 상황을 주도하려고 노력했다는 점은 부인할 수 없는 사실이다. 2018년 6월 12일로 예정됐던 싱가포르 북미정상회담을 5월 24일에 전격 취소한 것도 같은 맥락이다. 우여곡절 끝에 열린 북미 정상회담 이후에도 트럼프 대통령과 김정은의 주도권 게임은 계속될 것으로 보인다.

오바마 행정부 2기의 출범과 함께 워싱턴에 부임했을 때, 현지에서는 그의 대북정책인 '전략적 인내'에 대해 다양한 회의론이 팽배해 있었다. 미국 유력 일간지 〈워싱턴포스트(WP)〉는 2013년 1월 20일 오바마 대통령의 2기 취임식에 맞춰 1기 공약 이행 실적을 점검하면서 북한 핵개발 저지에는 실패했다고 지적했다. 2기의 대(對)아시아 정책을 전망하면서도 "존 케리 미국 국무장관 지명자의 등장은 북한에 대한 새로운 접근을 알리는 것일 수도 있다. 하지만 그 역시 (북한과 대화할 때 빠질 수 있는) '관여의 함정'을 잘 알게 될 것"이라고 일갈했다. '대화파'로 불리는 존 케리지만 '북한 문제'를 대화로 해결하는 것이 쉽지 않다는 것을 지적했던 것이다. 이 신문은 "케리는 미 상원 외교위원장으로서 오바마 대통령이 북한과 핵 프로그램을 놓고 대화하길 주저하는 것에 대해 비판적이었다. 지난해에는 뉴욕에서 북한 관리와 비공식적으로 만났다. 하지만 뉴욕 미팅 일주일 뒤 북한은 장거리 미사일 발사 실험을 예고해 관계 회복의 기대를 저버렸다"고 소개했다.

그달 4일에 발간된 미 의회의 대북정책 보고서는 "오바마 행정부의 '전략적 인내' 접근은 평양이 상황을 통제하면서 미사일과 핵 프로그램 능력을 점진적으로 향상시키도록 허용했다"는 내부 비판이 있다고 적시했다. 한 진보적인 미국 내 북한 문제 전문가는 "오바마의 정책은 '전략적 인내'가 아니라 '전략적 혼수상태(coma)'였다"고 비꼬았다. 미국 보수 진영에서도 이명박 정부에 대북정책의 주도권을 맡긴 결과 천안함 폭침과 연평도 포격 사건이 터졌으며 미국이 한반도 국지전에 연루돼 중국과 무력 분쟁에 휘말릴 수도 있는 위험에 노출됐다는 지적이 나왔다. 미국이 대선을 앞둔 2012년 8월, 극비리에 대북특사를 평양에 파견한 것은 이런 내부 지적에 따른 것이란 관측이 많았다.

하지만 워싱턴 정가에서는 빌 클린턴과 조지 W 부시 전 대통령이 북한과의 대화를 통해 돈만 낭비하고 핵 개발 저지에는 실패했던 경험을 되풀이할 수 없다는 분위기가 더 팽배했다. 오바마 대통령 취임 초기에 등장했던 '두 번 샀던 말을 또 살 수는 없다'는 경고가 북한과의 대화 필요성보다 더 강하게 남아 있었던 것이다. 북한은 1기 4년 동안 한 차례의 핵실험과 두 차례의 장거리 미사일 발사 실험을 단행했고 우라늄 농축프로그램 개발을 공식화했다. 2012년 초에는 미국과 2·29합의를 한 지 두 달도 채 안 되어 장거리 미사일 발사 실험을 했다. '대화하다 뺨 때리는' 고약한 이중전술을 여전히 버리지 못하고 있음을 입증한 것이었다.

이런 상황에서 출범한 오바마 2기 행정부는 '북한이 스스로 핵과 미사일 개발에 전향적인 조치를 내놓지 않는 한' 동맹국 한국과 긴밀한 공조를 유지하면서 정치경제적 제재와 봉쇄로 북한을 압박해 온 1기 때의 정책 기조를 유지할 것이라는 전망이 지배적이었다. 빅토리아 뉼런드 국무부 대변인은 2기 출범 나흘 전인 16일 정례 브리핑에서 "내가 아는 바로는 이곳(미국 정부)에서 (대북)정책 재검토 계획은 없다"고 말해 대북 포용을 원하는 일각의 기대에 명확하게 선을 그었다.

악조건에서 시작된 오바마 2기의 대북정책은 그럼에도 몇 가지 과거와 다른 장점을 발전시켰다. 우선 핵·미사일 개발을 비롯한 이른바 북한 문제의 궁극적인 해결방안으로 김씨 일가 독재체제의 종식과 한반도 통일, 자유민주주의와 시장경제체제로의 북한체제 편입이라는 비전을 제시했던 것이다. 태영호 전 영국 주재 북한 공사가 지적한 것처럼 우리는 북한의 비핵화라는 목표에 매몰되어서는 안 된다. 이 경우 '군사적 방법이라도 동원하자' 또는 '김씨 3대 세습체제의 보장이라는 북한의 요구사항을 들어주자'는 극단적 선택을 강요당하게 된다. 비핵화 여부를 떠나 북한체제의 민주화와 한반도의 통일이라는 더 큰 목표를 정하고 이루는 것만이 북한 문제의 궁극적

해법인 것만큼은 틀림없다. 다만 오바마 행정부의 문제는 한반도 통일이라는 지나치게 포괄적이고 추상적인 비전 아래 적극적인 실천을 하지 않았다는 부작위에 있었다고 할 수 있다.

대북 압박의 수단으로 북한 인권 문제를 부각시킨 점도 평가받아야 한다. 유엔 북한인권조사위원회(COI)와 리포트를 중심으로 확산된 북한 인권문제 제기는 국제 여론을 환기시켰고 김정은 정권의 정당성을 타격하여 유엔이나 미국 정부의 단독 제재나 군사적 압박보다 더 강력한 압박 수단으로 작용했다. 이에 따라 그동안 국제사회의 인권문제 지적에 침묵하거나 형식적으로 대응했던 북한 정권은 유엔 총회 등에서 항변하는 등 적극적으로 반응할 수밖에 없었다. 미국의 주도로 2013년 1월 22일에 통과된 유엔 안전보장이사회 결의안 2087호가 북한의 핵실험이나 탄도미사일 발사에 대해 유엔이 자동적으로 제재에 나서는 트리거 조항을 넣은 것 역시 평가받아야 할 대목이다. 이 조항에 따라 2016년 이후 북한의 핵무력 완성 국면에서 중국과 러시아 등 북한의 우방국들도 유엔 결의안에 동의하지 않을 수 없었던 것이다. 목까지 차오른 제재가 김정은을 대화의 장으로 끌어냈다는 점을 부인할 수 없다.

오바마 행정부가 2기 4년 동안 북한의 대화 유혹에 선뜻 나서지 않았던 것은 1기 당시의 2·29합의와 파기에 따른 후유증 때문이었지만 그 일관성만큼은 높이 사야 한다는 지적도 있다. 앞선 빌 클린턴과 조지 W 부시 행정부는 압박과 대화를 오가는 대북정책을 펼

쳤지만, 모두 북한 핵 개발을 막지는 못했다. 지금도 일각에서는 정작 '전략적 인내'를 해야 했던 주체는 트럼프 행정부라는 지적도 나오고 있다. 제재와 압박을 유지하면서 북한의 완전하고 검증 가능하고 되돌릴 수 없는(CVID) 비핵화를 이끌어 내기 위해서는 2018년 1월 1일 김정은의 신년사를 시작으로 전향적으로 전개된 평화공세에 더 냉담하게 대응했어야 한다는 지적이다.

그렇다면 왜 많은 장점을 가진 오바마 행정부 대북정책은 김정은의 핵 미사일 포기 전략 결단을 이끌어내지 못했을까. 포괄적인 답은 당시 미국 외교정책의 성격에서 찾을 수 있을 것 같다. 오바마 대통령은 2기 4년 동안 '유약한 외교정책'이라는 보수 진영의 비난에 끊임없이 시달렸다. 북핵 저지에 성공하지 못했을 뿐만 아니라 시리아의 민간인 상대 화학무기 사용, 2014년 러시아의 크림 반도 합병 등 지구촌 곳곳의 도발에 군사력 사용 등과 같은 강력한 대응을 하지 않았다는 것이 그 이유였다.

하지만 변명의 여지는 있었다. 전임 조지 W 부시 행정부가 일으킨 아프가니스탄과 이라크 전쟁을 끝내겠다는 공약으로 집권한 그는 자칫 북한과 시리아, 러시아 등과의 전쟁에 끌려들 수 있는 모험을 할 수 없었다. 정부가 불필요한 대외적 개입을 줄이고 미국의 국내 문제에 주력하기를 바라는 유권자들의 '신고립주의' 요구 때문이었다. 공화당 사상가인 로버트 케이건 미국 브루킹스연구소 선임

연구위원은 2014년 5월 '초강대국들은 은퇴하지 않는다'라는 글을 〈뉴리퍼블릭〉에 싣고 "미국은 2차 세계대전 이후 스스로 만든 세계 질서에 책임을 져야 한다"고 요구하기까지 했다.

대신 오바마 대통령은 이란 핵협상처럼 '될 것 같은 일'에만 손을 대는 선택과 집중 전략을 썼다. 오바마 대통령은 집권 2기를 마감하면서 건강보험 개혁(오바마케어), 쿠바와의 국교 정상화, 이란 핵협상과 환태평양경제동반자협정(TPP) 등 될성부른 국내외 과제들을 모두 성공리에 마감했지만 고질적 난제인 북핵 문제만큼은 본격적으로 손대려 하지 않았다.

오바마 대통령은 2015년 10월 16일에 박근혜 대통령과 마지막 정상회담을 갖고 "우리가 이란과 핵협상에 나선 것은 핵을 포기하겠다는 이란의 의지를 확인했기 때문"이라며 북한이 핵을 포기하겠다는 진정성을 보여야 대화에 나설 수 있다는 원칙에서 물러서지 않을 것임을 재확인시켜 주었다. 미국은 언제든지 북한과 손잡을 준비가 되어 있지만 먼저 북한이 주먹을 펴야 한다는 것이었다. 이미 세 차례의 핵실험을 했고 헌법에 핵국가임을 명시한 북한이 어느 날 갑자기 핵·미사일 프로그램 개발을 포기할 것이라고 생각하는 순진한 미국인은 거의 없었다. 북한의 명줄을 쥔 중국이 독한 마음을 먹지 않는 상황에서 미국의 힘만으로 문제를 해결할 수 없다는 냉정한 현실 인식도 확산되어 있었다.

대신 당시 정상회담에서 오바마 대통령은 남한이 주도하는 한반도 통일에 대해 다시 한 번 적극 지지 의사를 표명하는 것으로 공을 한국과 역사의 몫으로 넘겼다. 이는 성공한 체제 남한이 실패한 체제 북한을 끌어안는 것은 역사적 필연이라는 점을, 미국 최고 지도자가 확인시켜 주었다는 점에서 의미가 있었다. 핵을 포기하지 않는 김정은에게 '더 나은 미래는 없을 것'이라는 믿음을 내비친 것이었지만 미국이 그 역사를 주도할 생각은 없는 듯했다. 대신 앞세운 한국 박근혜 정부가 대북정책 리더십을 발휘하지 못하고, 일본 아베 정부와 위안부 과거사 문제로 한미일 3국 공조에 균열을 키운 것은 오바마 행정부 대북정책의 약점을 강화시켰다. 게다가 베이징의 선의에 기댄 대중정책은 북한에 대한 레버리지가 되지 못했다.

그러나 미국의 대북정책만으로 상황을 설명할 수는 없다. 미국의 대북정책을 이끌어 낸 북한의 대미정책을 살펴보아야 하기 때문이다.

오바마 대통령 집권 2기의 한반도 상황은 트럼프 대통령처럼 최강의 대화를 하기에도, 최강의 압박을 하기에도 어려운 어정쩡한 상황이었다는 것이 현장에서 지켜본 필자의 주장이다. 김정은의 2012년 2·29합의 파기는 오바마 행정부 당국자들에게 남은 임기 동안 북한과 대화에 나설 수 없을 정도의 정치적 충격과 후유증을 남겼다. 반대로 북한은 2013년 2월 3차 핵실험 이후 3년 가까이 핵실험이나 ICBM 발사와 같은 전략도발을 하지 않으면서 2016년 1월부터 핵미사일 완성 국면을 준비하는 기만전술을 썼다. 미국이 주도적으로 강한 제재와 압박을 가해 핵미사일 완성 국면을 막는 것은 이론상 필요했지만 현실의 미국 국내정치에서는 가능하지 않은 상황이었다.

특히 북한은 2015년 8월, 한국과의 목함지뢰 사건 이후 4개월여 동안 한국과 미국을 상대로 상당히 구체적인 대화 제의를 하는 위장 평화공세를 폈다. 2015년 12월에는 김정은이 모란봉악단의 베이징 공연을 추진하면서 평화공세는 절정에 달했다. 그후 대외 대화파인 김양건이 의문의 교통사고를 당해 세상을 떠나고 모란봉악단이 돌연 귀국한 뒤 김정은은 핵무력 완성 국면의 모습을 드러냈다.

여기서 미국 대북정책의 근본적인 수동적 측면을 언급하지 않을 수 없다. 당시나 지금이나 북미관계의 주도권은 미국이 아니라 북한에게 있다고 보는 것이다. 북한이 대형 사고를 치거나 전향적인 평화공세에 나서야 백악관이 비등한 여론을 등에 업고 제재와 압박 또는 대화라는 대응에 나서는 미국 대북정책의 소극적인 성격을 말한다. 3차 핵실험 이후 전략적 도발이 없는 어정쩡한 상황은 미국으로 하여금 북핵 문제를 본격적인 대화나 제재, 압박으로 해결해야만 하는 핵심적인 국가 이익 밖으로 밀어 두게 했던 것이다.

오바마 행정부 마지막 해의 대북 강경정책과 이어진 트럼프 대통령의 '최강의 압박과 간여' 정책 1년차 역시 북한의 '핵 무력 완성 국면 전략도발'이라는 선공에 대한 수동적인 대응이라는 점에서 유사했다. 1993년 1차 북핵위기를 시작으로 미국과 핵개발 및 저지 게임을 벌여 온 북한은 몇 차례의 위기 국면과 대화 국면을 번갈아 시간을 끌며 핵개발을 고도화시켜 왔다. 2017년 12월에는 끝내 '핵무력 완성'을 선언했다. 이후 2018년 1월 1일 신년사를 시작으로 전방위적 대화공세에 나선 김정은은 4월 27일 남북정상회담과 6월 12일 싱가포르 북미정상회담을 통해 문재인 대통령과 트럼프 대통령을 대화의 테이블로 이끌어 낸 형국이다. 문재인 정부와 트럼프 행정부가 대외적으로 홍보하는 것과는 다르게 북미관계의 'On & Off' 버튼은 여전히 김정은이 쥐고 있다는 불편한 진실을 외면해서는 안 된다.

수십 년 된 북핵 문제가 김정은의 화려한 이미지정치 속에 묻히고 당장이라도 한반도에 영구 평화가 올 것 같은 분위기지만 우리는 국가와 민족의 명운을 건 안보 문제에 대해 지나치게 희망적 사고를 하는 우를 범해서는 안 된다. 오히려 주요 행위자인 북한과 미국, 한국의 능력 면에서 볼 때 상황은 녹록치 않다.

도대체 북한이 바라는 체제 보장이라는 게 무엇인가. 반인권적이고 전근대적인 김씨 왕조 3대 세습 독재체제를 인정해 준다는 정당성의 문제는 논외로 하자. 미국이 안 때린다는 약속은 그렇고, 대대로 원한에 사무친 북한 주민들이 김정은에게 테러를 가하지 못하도록 막아 주는 것도 이에 포함되는가? 이를 두고 학계에선 북한 체제에 '수용능력'이 없다고 말한다. 말로는 그토록 원하고 있는 북미 수교와 경제 지원을 북한 스스로 받아들이지 못한다는 것이다. 그에 따른 정치경제적 개혁과 개방이 김씨 3대 세습독재의 취약성을 증가시킬 것이 뻔하기 때문이다.

우선 '미국이 쳐들어온다. 그래서 핵·미사일을 가져야 한다. 그때까지는 가난하게 살 수밖에 없다'는 그간 김씨 3대 세습 독재자들의 거짓말이 탄로 난다. 미국을 따라 자유세계의 사람과 돈이 유입되고 이제 살 만해진 북한 주민들이 '정치도 좀 바꿔 보자'고 나서면 김정은 일가의 안전은 보장되지 않는다. 요컨대 최근 북미 대화 정국에서의 핵심은 국제사회의 대북 제재로 경제위기에 처한 김정은이 정치적 리스크를 어디까지 감내할 것인지에 있다.

그래서 북한은 미래의 협상자원인 비밀 핵·미사일 시설을 최대한 숨긴 채 제재를 풀기 위한 협상에 나설 가능성이 크다. 이 경우 미국의 '탐지능력'이 시험대에 오르게 된다. 김씨 3대가 북한 곳곳에 꽁꽁 숨겨 놓은 핵·미사일 시설을 어떻게 다 찾겠다는 말인가? 북한은 찔끔찔끔 하나씩 공개하며 건건이 값을 매기는 '살라미 전술'의 천재다.

설령 김정은이 '통 크게' 모든 핵·미사일 프로그램을 공개했다 치자. 이젠 한국의 '지불능력'이 문제다. 북핵 문제 해결에 전향적이었던 민주당의 빌 클린턴 전 대통령도 1994년 제네바 합의를 이끌어 낸 뒤 경수로 건설에 들어가는 비용은 한국에 떠넘겼다. '미국 우선주의'를 외치며 동맹국들을 상대로 군사비 증액과 통상협정 개정을 요구하는 트럼프 정부가 어떻게 할지는 안 봐도 뻔하다. 고공 지지율을 자랑하는 문재인 정부지만 청년 일자리와 은퇴자 노후 보장에

써야 할 재정을 밑도 끝도 안 보이는 북한 개발에 돌릴 수 있을까?

경제적 보상과 별도로 안보상의 문제도 크다. 우리가 아는 북한 체제는 김씨 일가의 수령 절대주의 독재체제 강화를 지고지순의 목적으로 삼으면서 이를 위한 하위 전략 목표로 남한의 공산화와 주한 미군을 상징으로 하는 한미동맹의 와해를 추진해 왔다. 트럼프 대통령의 완전하고 영구적인 비핵화 요구를 수용하는 대신 북한은 한미 군사동맹의 약화 또는 종식, 남한의 자체적인 재래식 군비에 대한 대대적인 감축을 요구할 것이다. 이야말로 북한이 핵을 포기하는 것에서 나아가 남한에 대한 일체의 적의를 버렸다는 것이 확인되었을 경우에야 가능한 일이다. 4·27 판문점 선언과 6·12 북미정상 공동합의문의 화려한 문구도, 김정은의 화려한 대외 이미지 공세도 이를 확인시켜 주지 않는다. 오로지 많은 시간이 흐르는 동안 김정은과 북한이 행동으로 보여 주어야 조금씩 사실이 되는 성격의 과제다.

비핵화라는 과업 자체도 기술적으로 대단히 난해한 신고와 검증, 사찰이 필요하고 이 과정에 오랜 시간이 걸린다. 완전하고 검증 가능하고 불가역적인(CVID)이라는 수식어가 붙은 북한 비핵화 프로그램은 말할 나위가 없다. 핵능력만 보더라도 현재 핵(붕어빵 장사로 비유하자만 붕어빵을 만드는 불판과 가스 연료 같은 것)과 미래 핵(향후에 붕어빵을 만들 수 있는 반죽), 과거 핵(이미 만들어 냉장고에 얼려둔 붕어빵)으로 나뉠 정도다. 이를 폐기하기까지 상호 신뢰와 평화체제의 구축, 군비 통제에 이르는 지난한 과제를 트럼프 대통령의 재선이 있는 2020년까지 이룬다는 구상 자체가 지나치게 정치적이다. 특히 4~5년 단위로 정권이 바뀌는 민주주의 국가들이 수십 년을 내다보며 김씨 수령 절대주의 독재체제의 영속을 꾀하는 독재자 김정은과 제대로 협상할 수 있을까. 혹시 김정은은 자신이 비핵화의 대가로 요구하는 안보와 체제 보장을 한국과 미국, 국제사회가 100% 이행할 수 없다는 사실을 간파하고 기만적인 대화 국면을 만들어 낸 것은 아닐까.

일각에서는 북한이 수십 년 동안 쌓은 핵미사일 개발 능력(capability)은 몇 가지 기술적인 장치와 장소를 폐기하더라도 영원히 사라지지 않는다고 주장한다. 대학교수가 강의안을 잃어버렸다고 해서 강의를 못하지 않는 것과 같은 이치다. 교수가 강의할 내용을 머릿속에 담듯 핵과 미사일 제조기술은 누군가의 머리와 손끝에 저장되어 있을 것이다. 김정은이 현란한 외교술로 혼자 연출과 주연, 각본을 맡아 진행하고 있는 외교전에서 북한 내부의 정치와 주민들의 상황이 보이지 않는다는 점도 문제다. 과연 우리는 북한 비핵화에 대한 북한 내부의 모든 것을 보고 있는가. 태영호 전 공사가 지적한 것처럼 북한이 요구하는 '체제의 보장'과 '완전한 비핵화'는 근본적으로 상충되는 가치이기도 하다. 국제사회가 완전한 비핵화를 위해서 미국과 동맹국의 엄격한 사찰과 검증을 요구할 경우 북한은 그것이 체제의 위험을 초래한다는 이유로 받아들이지 않을 가능성이 크다. 앞에서 제기한 북한의 수용능력이 부족하다는 전제하에 나오는 결론이다.

이런 논의들은 필연적으로 완전하고 검증 가능하고 되돌릴 수 없는(CVID) 비핵화에 대해 부정적인 전망을 부른다. 자칫하면 북미합의를 이행하는 과정에서 비핵화는 비핵화인데, 불완전하고 검증이 어렵고 되돌릴 수 있는 비핵화라는 애매모호한 형태의 상황이 장기간 지속될 수 있다. 이미 북한에 대한 제재를 완화하고 있는 것으로 보이는 중국과 러시아가 어떠한 국제정치적 계기로 트럼프 행정부를 등질 경우 제재 해제와 평화체제 구축 역시 회색빛 중간 단계의 어디선가 교착되는 상황이 벌어질 수 있다. 미국의 레버지리는 지금보다 떨어질 것이고 이 경우 북한은 핵국가도 비핵국가도 아닌 '핵능력 보유국가'라는 애매한 지위에서 국제사회 및 구성원들과 선별적이고 사안별로 교류하는 파키스탄식 모델이 현실화되지 않을까 우려된다.

가장 우려되는 상황은 북한이 핵무력 완성 국면(the last one mile)에서 마지막 기술력 확보를 위한 전략적인 시간 벌기를 하고 있다는 것이다. 2017년 12월 12일 핵무력 완성 선언에도 불구하고 전문가들은 북한이 아직 대륙간탄도미사일(ICBM) 대기권 재진입 기술이나 정밀유도장치 등을 구비하지 못한 것으로 보고 있다. 또 핵탄두의 소형화 경량화 기술 역시 입증되지 않았다. 미국 본토를 타격할 수 있는 화성-14, 15형 ICBM에 핵탄두를 달아 대기권 재진입에 성공하는 추가 실험이 필요하지만 미국이 주도하는 제재와 압박이 너무나 강하기 때문에 일단 시간 벌기를 택했다는 가설이다. 이 경우 북한은 트럼프 행정부와 선언적인 비핵화 합의를 한 뒤 11월 중간선거 결과를 보고 다음 도발 시기를 저울질할 수 있다. 아니면 2020년 트럼프 재선 결과나 탄핵 여부를 지켜본 뒤 다시 도발 국면에 돌입할 수도 있다. 중국과 러시아가 미국을 배신하고 북한을 음성적으로 지원한다는 전제도 이 가설에 포함된다. 이 경우 향후 북미대화의 성공 가능성은 낮아지며 북핵 개발이 '보유용'이었다는 보수진영의 가설이 확인된다.

물론 김정은이 말하는 비핵화에 진정성이 있다면 상황은 달라진다. 북한의 핵미사일 개발은 애초부터 '보유용'이 아니었고 미국과의 관계 정상화를 위한 '대화용'이라는 가설이 확인된다면 말이다. 1990년대 한국과 미국의 진보진영에서 대두되었던 이 가설은 여섯 차례에 걸친 북한 핵실험 과정에서 사실상 폐기되었다가 김정은의 2018년 대외 평화공세와 함께 다시 화려하게 부활했다. 북한은 6·25전쟁으로 원수가 된 미국과 오래전부터 친구가 되고 싶었지만 미국의 무시와 거부를 받아 왔다고 가정한다. 세계 최강대국 미국과 협상해 자본주의 세계 체제로 진입하는 티켓을 받기 위해서는 미국이 관심을 가질 만한 카드가 필요했고 그것이 바로 미국 본토를 타격할 수 있는 핵미사일의 개발로 이어졌다는 것이다. 북한은 2016년 1월 6일의 4차 핵실험 이후 2년 가까운 기간 동안 '핵무력 완성'을 이루었고 그 결과 미국을 대화의 테이블로 끌어냈다고 본다. 미국에게 체제 보장과 경제 지원만 얻어 내면 핵·미사일은 더 이상 필요가 없어진다는 논리적 귀결에 이른다. 이 경우 북한의 비핵화는 미국과 국제사회가 얼마나 자신의 역할과 책임을 다하는가에 달려 있다.

북한의 수용능력이 과거보다 나아졌다고 볼 수 있는 역사적 근거도 있다. 아버지 김정일이 생전에 제한적인 경제 개혁개방(2002년 7·1 경제관리 개선조치와 2003년 종합시장 도입 등)과 사회주의 계획경제의 회복(극단적 형태로 2009년 11월에 화폐개혁 단행) 사이를 오락가락한 것과 달리 김정은은 2011년 12월 17일 아버지의 사망으로 최고 지도자가 된 뒤 지금까지 일관되게 시장메커니즘을 확대하는 정책을 유지해 왔다. 그로 인해 확대된 엘리트와 주민 내부의 유연성을 자신감의 원천으로 삼고 있다면, 향후 비핵화 대화에서 좀 더 큰 내적 자신감을 가질 수도 있을 것 같다.

최근 상황을 해외에서 유학한 젊은 지도자 김정은 개인의 전략적 각성 결과라고 보는 시각도 있다. 7년 동안의 내부 장악 기간을 거쳐 자신이 꿈꿔 온 새로운 대외정책을 펴는 것이라는 관점이다. 할아버지 김일성과 아버지 김정일, 심지어 권력투쟁 중인 김정은의 행태라는 과거의 잣대로 지금 북한을 본다면 올바른 전망을 하지 못한다는 것이다. 독재자의 생애주기(the life cycle of dictatorship)에 맞춘 이 가설은, 사실이라면 국제사회의 행위자들에게 당위적인 과제를 던진다. 잘 계산된 생존전략이건, 아니면 경험이 미숙한 독재자가 현실을 과도하게 단순화한 결과이건, 세상 속으로 나온 김정은을 제대로 다뤄 정상국가의 길로 가게 만드는 것이 미국과 한국, 그리고 국제사회의 과제라는 것만은 분명하다. 김정은이 자칫 이상과 다른 현실만 경험하고 다시 '은둔의 공화국'으로 돌아간다면 언제 다시 대화의 테이블로 나올지 알 수 없다.

싱가포르 북미 정상회담으로 공식적인 막이 오른 '북미대화 5.0'은 과거에 우리가 경험한 네 차례의 북미대화와 본질적으로 다를까? 북한은 1994년 제네바 협정(북미대화 1.0)과 2000년 북미공동 코뮤니케(북미대화 2.0), 2005년 9·19공동성명(북미대화 3.0), 2012년 2·29합의(북미대화 4.0) 당시와 같이 대화를 하다 판을 뒤엎고 다시 도발을 하는 과거의 모습을 반복할까? 이에 대한 대답은 북한이 개발해 온 핵·미사일이 과연 미국과의 대화 협상용인지, 아니면 진정한 핵보유국이 되기 위한 보유용인지에 대한 해묵은 논쟁의 해답이 될 것이다. 네 차례 북미대화를 이행으로 이어가지 못한 북한과 미국 등 핵심 당사자들이 과거의 실패를 교훈 삼아 얼마나 지혜롭게 행동하는지에 따라 결과가 달라질 것이다.

부록

# 이라크, 쿠바 그리고 트럼프의 등장

주간동아 2013/3/25

## 북한체제 맥없이 무너지면 미국은 이라크처럼 개입할까

### 이라크전 교훈으로 본 북한 재건 시나리오와 문제점

이라크 전쟁 발발 10년을 맞아 미국인들은 2011년 완전 철군과 함께 기억 속에서 지워 버렸던 '잘못된 전쟁'을 애써 기억해 냈다. 다양한 평가와 비판이 쏟아지는 가운데 가장 눈에 띈 것은 유명 칼럼니스트이자 CNN 시사 대담프로 앵커인 파리드 자카리아가 3월 16일자 CNN 홈페이지에 올린 〈이라크 전쟁의 5가지 교훈〉이라는 짧은 칼럼이었다.

자카리아는 글머리에 "많은 미국인들이 이라크 전쟁에 흥미를 잃고 '싸울 만한 가치가 있는 전쟁이었느냐'는 질문에 '아니다'라는 대답을 하지만 베트남 전쟁 이후 미군이 수행한 가장 중요한 군사 분쟁에 대해 우리가 어떤 교훈을 얻어야 하느냐고 질문하는 것은 가치가 있다"며 이야기를 풀어 나갔다.

전쟁과 이후 점령과정, 정부 수립까지 포함한 그의 교훈 리스트는 향후 북한체제가 붕괴되고 미국과 한국, 그리고 국제사회가 새로운 정부를 수립할 때 고려할 만한 가치가 있다는 판단이 들었다. 2008년 이후 다시 한국사회를 풍미한 북한 붕괴론에 일종의 '비교정치학적' 참고자료로 이라크 전쟁 10년이 새로운 가치를 찾을 수 있다는 생각에서다.

### 1. 충분한 병력을 보내라

조지 W 부시 행정부는 개전 초기 침투 병력을 작게 꾸려 비용을 최소화하겠다고 강조했다. 국방부의 반대는 무시됐다. 개전 1년 만에 사담 후세인을 체포하면서 계산은 먹혀들어 가는 듯했다. 하지만 침투에서 점령으로 군사작전의 목적이 바뀌면서 문제가 발생했다. 독재정권이 사라진 이라크가 혼돈의 내전상태에 빠졌지만 숫자가 모자란 미군은 이에 따른 폭력 사태를 눈앞에서 수수방관할 수밖에 없었다.

결국 부시 행정부는 점령군을 증파했다. 2007년 1월에는 3만 명 증파 선언을 하는 등 10년 동안 9만 2,000여 명을 파병했다. 동맹국 한국도 미국의 요청으로 자이툰 부대를 파병했다. 하지만 초기 안정화 타이밍을 놓친 탓에 돈은 돈대로 들고 이라크 평화는 10년이 지난 현재도 요원한 상황에 처했다는 지적이다.

초기 안정화에 되도록 많은 군대가 참여해야 한다는 지적은 북한의 미래를 둘러싼 국제사회의 논의에도 이미 제기된 상태다. 미국 랜드연구소의 브루스 베넷 박사는 2011년 북한이 순순히 무너지는 가장 긍정적인 시나리오일 경우에도 안정화를 위해 26만~40만 명의 군사력이 필요할 것이라고 추정한 바 있다.

베넷 박사의 보고서는 △ 안정화 작전 △ 국경 통제 △ 대량살상무기의 제거 △ 재래식 무기 통제 △ 내부 무력 저항 억지 등 다섯 가지의 작전이 필요하다고 지적했다. 이들 군사작전은 한미 연합군이 주도하겠지만 실제 작전은 한국군이 주로 수행해야 한다고 강조하면서 중국이 군대를 보낼 가능성에 대해 미국과 중국의 사전 대화가 필요하다고 주장했다.

**2. 국가를 해체하지 말라**

미군은 이라크 점령 한 달 만에 군대를 해산하고 사담 후세인의 바트당 당원들인 정부 요인들을 해직시켰다. 정부 소유 기업도 문을 내렸다. 독재체제하에서의 이라크 엘리트, 특히 수니파 세력들은 새로운 이라크에서 설 자리를 잃었다. 실업자가 돼 분노에 빠진 이들은 무장 세력에 가담해 폭력 투쟁에 뛰어들었다.

자카리아는 남아프리카 공화국의 넬슨 만델라 사례를 들어 비교했다. 집권하고 의회를 장악하는 동안 만델라 정권은 과거 관료들을 하나도 해고하지 않았다. 그 결과 많은 사람들이 우려했던 새 정부에 대한 폭력적 저항은 일어나지 않았다.

북한 붕괴 이후 국제사회는 대대로 김씨 일가에 충성해 온 당·정·군 엘리트들에 대해 어떤 모델을 적용해야 할까. 이 질문은 그 대상이 되는 북한 엘리트들에게도, 그리고 남한 국민들에게도 매우 민감한 것이다. 한국에 정착한 2만 4,000여 명의 탈북자들은 무조건 이라크 모델을 따라야 한다고 주장할 것이다. 실제로 그것이 역사적인 정의에 부합할 것이다.

하지만 새로운 북한의 조기 안정화라는 측면에서는 이라크의 교훈을 되새겨야 할 필요가 있을 것이다. 실제로 안드레이 란코프 국민대 교수는 지난해 10월 한 세미나에서 북한 엘리트들이 남한 중심의 통일에 동조하도록 이들에 대한 사면(赦免) 방침을 미리 밝힐 필요가 있다고 주장했다. 숙청은 핵심 엘리트로만 국한해야 한다고 미리 밝혀야 한다는 것이다.

그는 21세기국가발전연구원과 코리아정책연구원이 주최한 '북한 급변사태 시 핵심계층 관리방안' 세미나 주제발표문에서 북한 엘리트들은 남한 중심의 통일이 이뤄지면 기득권을 잃는 것은 물론이고 인권 침해에 대한 책임을 지고 목숨마저 잃게 될까 두려워하고 있기 때문에 급변사태가 일어나면 무력으로라도 체제를 유지하려 할 것이고 최악의 경우 '친 중국 위성정권' 설립을 추진할 것이라며 이같이 주장했다.

### 3. 문을 부수고 들어가지 말라

민간 폭동이 일어나자 레이몬드 오디에르노 장군이 이끄는 미군은 주동세력을 색출하기 위해 마을을 둘러싸고 무력시위를 벌였고 의심스런 민가의 문을 박차고 들어갔다. 마을 주민들은 미군이 '잔인한 청부살인업자'라고 생각하게 됐고 저항의 명분을 얻었다.

하지만 훗날 자신의 여성 전기 작가와의 부적절한 관계가 드러나 옷을 벗은 데이비드 퍼트레이어스 장군은 전혀 다른 어프로치를 취했다. 지역 주민들에게 돈을 쓰고 후원과 봉사를 해 신뢰를 얻는 방법은 전 미군의 새로운 점령 전략으로 전파됐다. 6년간의 실패 뒤에 페트레이어스의 방법론은 전 미군에 보급됐고 그는 사령관에 임명됐다.

군이 점령지역의 민심을 얻어야 성공할 수 있다는 교훈은 어제 오늘의 것이 아니다. 마오저뚱이 이끄는 중국 공산당 홍군이 장제스의 국민당 군대를 물리치고 중원을 차지해 중국 혁명에 성공한 것은 철저히 민중에게 봉사하고 마음을 얻어야 한다고 강조한 군사 전략의 잘 계산된 결과임은 역사책에 나오는 사실이다.

김씨 일가 독재정권의 붕괴로 외부에 속살을 드러낸 북한 주민들은 오랜 독재에 시달려 심신이 고달프고 경제적으로 헐벗은 상태일 것이다. 하지만 북한 주민들은 조선 사람 특유의 강한 자존심을 소유하고 있다고 보면 3번 교훈은 북한 안정화 작전에 100% 그대로 적용되어야 한다고 할 수 있다. 치안과 질서를 담당하는 군과 경찰

등과 함께 북한 주민이 기억하고 있는 역사와 그들의 멘탈리티를 잘 이해하는 민간 요원들이 함께 진주해 신속한 민사작전을 펼쳐야 하는 이유가 여기에 있다.

### 4~5. 모든 정당을 포함해 협상을 타결하라 그리고 헌법을 제정한 뒤 선거를 하라

수니파와 시아파, 쿠르드족 등 분열된 정파들을 하나로 모아 동의에 기반을 둔 새로운 국민 권력을 만드는 것은 점령군 미군이 직면한 중대한 도전이었다. 미군은 실패했고 결국 시아파는 현재의 불안한 누리 알 말리키 총리 정부, 수니파는 반(反) 정부 무장세력, 쿠르드족은 자체적인 영토와 권력을 가진 세력으로 분리됐다. 이들 사이의 권력 투쟁으로 개전 10년이 지난 현재도 이라크에 매일 크고 작은 폭력사태가 발생하고 있다.

미국은 정치세력 간 동의에 따라 새로운 헌법과 법률을 제정한 뒤 선거를 실시하길 원했다. 하지만 초기 점령에 서툰 나머지 시아파 세력이 주로 참여한 가운데 선거를 했다. 자카리아의 평가에 따르면 고래로 이란의 지원을 받아온 시아파에게 선거는 자신들의 권력을 정당화하고 정적들을 압살하는 명분이 되었다. 자유와 법의 가치는 가볍게 취급됐다.

마지막 교훈 4와 5는 바로 북한 붕괴에 적용하기 어려운 대목이다. 우선 북한 내부에 각기 다른 정치세력이 있다는 증거가 없다.

1950년대 종파사건 이후 북한 내부에는 김씨 일가의 독재를 추종하는 단 하나의 정치세력이 있었을 뿐이다. 이에 반대하는 개인과 조직은 숙청됐기 때문이다. 하지만 다수 탈북자들은 "김씨 일가에 순응하는 척하며 북한 붕괴의 그날만 기다리는 다수의 깨어 있는 북한 주민들이 있다"고 증언했다. 북한 내부에 대안 정치세력이 있다고 하더라도 이들이 어떤 게임의 룰에 따라 새로운 정치 체제 구성에 참여할지는 북한이라는 국가가 유지되는 가운데 새로운 정권이 들어설지, 한국이 주도하는 통일이 될지 등 더 커다란 국제정치적 이슈가 해결된 뒤 결정될 문제다.

버락 오바마 미국 대통령은 취임 후 첫 이스라엘 순방을 앞둔 3월 19일 이라크 전쟁 발발 10주년을 맞아 참전용사들에게 감사의 뜻을 전했다. 오바마 대통령은 성명을 통해 "국민과 함께 미국 역사상 가장 긴 전쟁 가운데 하나로 기록된 이번 전쟁에 참전한 모든 희생자와 장병에게 경의를 표한다"고 밝혔다.

오바마 대통령이 '이라크 국민에게 자신들의 미래를 가꿀 기회를 주고자 희생했다'고 치하한 미국인 희생자는 10년 동안 4,488명. 그동안 미국이 퍼부은 비용만 1조 7,000억 달러에 이르고 이라크 재건 등에 향후 40년 동안 6조 달러가 들어갈 것이라는 추정도 나온다.

하지만 이라크는 아직 전쟁상태다. 오바마 대통령의 발언이 있기 직

(계속)

전 이라크 수도 바그다드 등지에서 주로 시아파를 겨냥한 연쇄 테러로 최소 56명이 숨지고 200명 이상이 다쳤다고 AP 통신이 19일 보도했다. 76명이 사망한 지난해 9월 9일 연쇄 테러 이후 하루 사망자 수로는 최대 규모라고 AFP 통신이 전했다.
집권 시아파를 상대로 수니파와 쿠르드족 간에 벌어지고 있는 유혈분쟁으로 개전 10년 동안 18만여 명의 이라크인들이 목숨을 잃었다. 2011년 말 미군의 완전한 철수 이후 폭력사태가 빈발하고 치안도 극도로 불안한 상태다. 독재자 사담 후세인은 사라졌지만 국가 재건 작업은 갈 길이 먼 상황이다.
10년 동안 막대한 비용을 퍼부은 전쟁의 상대방 미국은 재정위기에 빠져 유일 초강대국의 자리를 위협받고 있다. 이라크전은 '잘못된 전쟁'이라는 비판이 봇물을 이루고 있다. 리처드 하스 미국외교협회(CFR) 회장은 이라크전 10년 특집 인터뷰에서 "미국인의 피와 재산을 그럴 만한 가치가 없는 전쟁에 엄청나게 쏟아부었다"고 비판했다. 미국인 10명 가운데 6명은 이라크 전쟁에 비판적이다. 여론조사기관 '랭어리서치'가 최근 시행한 조사에서 응답자의 58%가 전쟁비용 대비 효과를 기준으로 볼 때 이라크전이 '치를 만한 가치가 없는 전쟁이었다'고 답했다고 ABC 뉴스가 3월 17일 보도했다.
하지만 조지 W 부시 행정부에서 국방장관을 지낸 로버트 게이츠는 CNN 인터뷰에서 "아직 평가하기 이르다"면서 "이라크가 안정을 되

(계속)

찾으면 2011년 '아랍의 봄'을 촉발한 역사적 평가를 받을 수 있을 것"이라고 변호했다. 부시 전 대통령의 동생인 젭 부시 전 플로리다 주지사도 "국민들은 내 형이 보여 준 결단력을 존경하게 될 것"이라고 역사에 평가를 미뤘다.

특파원 칼럼 2013/1/21

# 마이애미 쿠바 난민들의 실향가

"쿠바가 다시 자유를 찾더라도 복구하는 데 돈이 많이 들 겁니다. 우선 주민들에게 낡은 사회주의 집단주택 대신 새 단독주택들을 지어 줘야겠죠. 오전 8시부터 오후 5시까지 일할 수 있는 자본주의 노동자로 탈바꿈할 수 있도록 교육도 해야 하고요. 낡은 공장과 도로도 개보수하고 전기와 수도 설비도 모두 새로 해야 할 것이고…."

열 살 때 조국 쿠바를 등지고 미국에 와 지금은 플로리다주 마이애미시의 라틴아메리카상공회의소 소장으로 일하는 루이스 쿠레보 씨(61)는 14일 기자와 만나 이렇게 말하며 "그 돈을 누가 다 댈지 걱정"이라며 한숨을 쉬었다. 1959년 혁명이 일어나기 전, 어린 그가 기억하는 조국 쿠바는 인구 600만 명에 물산이 풍부한 나라였다. 그는 "미국에 새 롤스로이스 자동차가 출시되면 이틀 만에 쿠바 대리

점에 선을 보였을 정도"라고 회상했다.

하지만 피델과 라울 카스트로 형제, 체 게바라 등이 주도한 혁명 이후 쿠바 경제는 소련의 원조에 의존하는 '종속적 사회주의 체제'로 퇴행했다. 소련의 원유, 동독의 기계 등을 수입하고 대신 그들에게 설탕을 공급하는 '사회주의 분업체제'에 포함된 쿠바는 '설탕 단작(單作) 경제'의 농업국가로 전락했다.

쿠레보 씨는 "부모님과 함께 살던 집은 혁명 이후 일곱 가구가 모여 사는 집단주택으로 변했다"며 "하지만 나도 나이가 드니 어린 시절 추억이 담긴 그 집에 한번 가 보고 싶다"고 눈시울을 적셨다. 그는 이날 발효된 라울 카스트로 정부의 주민 해외여행 제한 완화 조치에 대해 비판적이었다.

"쿠바인의 대량 망명을 우려하는 미국이 비자를 쉽게 내 줄 것 같아요? 여기 쿠바인들도 친척을 다 데리고 올 만큼 돈이 많은지 아세요? 그저 독재정치를 연장하려는 라울의 술수일 뿐입니다. '난 해외여행 갈 수 있게 해 줬어'라고 생색을 내면서 쿠바인들이 '어떻게 하면 해외여행을 할 수 있을까'에 골몰해 정치적 불만을 느끼지 못하도록 하려는 거죠."

한 달 전 미국으로 망명한 쿠바 외교부 대사 출신 이반 마르티네스 씨(57)도 이날 기자를 만나 "쿠바의 카스트로 형제 독재나 북한의 김씨 일가 세습 독재나 기본은 똑같다"며 "그들이 언제 국민들을 위해서 뭔가를 한 적이 있었느냐"고 목소리를 높였다.

그는 "쿠바 정부는 소련 붕괴 이후 나라를 등진 해외 쿠바인들이 친척들에게 보내오는 송금으로 연명해 왔으며 혈육 간의 '감정'에 호소해 달러 수입을 더 늘리려는 것"이라고 이번 여행 제한 완화 조치의 경제적인 동기를 분석했다.

특히 쿠바에 막대한 양의 원유를 싸게 공급해 주던 우고 차베스 베네수엘라 대통령의 건강이 나빠지면서 그의 사후를 걱정한 라울 정부가 고육지책으로 단행한 위기 대응 조치에 불과하다고 마르티네스 씨는 설명했다. 그는 "차베스가 죽으면 쿠바는 미국과 싸우고 있는 이란과 관계를 개선해 원유 공급처를 확보하려 할 것"이라고 전망했다.

카스트로 독재체제 붕괴 이후의 쿠바를 걱정하는 쿠레보 씨, '쿠바는 카리브해의 북한'이라며 목소리를 높이는 마르티네스 씨는 북한을 등지고 자유를 찾아 한국으로 온 여느 탈북 지식인과 크게 다를 바 없었다. 그들과 대화하는 동안 강한 동지의식도 느꼈다.

한편에서는 부러움과 아쉬움도 밀려왔다. 동기가 무엇이건 쿠바 정부는 주민들의 해외여행을 확대하는 여유라도 부리고 있다. 마이애미 현지에서는 많은 쿠바인들이 부모와 형제자매를 미국으로 초청할 꿈에 설레고 있었다. 탈북했다 잡혀 온 주민들을 고문하고 핵과 미사일을 개발해 주변 국가들을 위협하는 북한 정권이 한국에 정착한 탈북자들에게 2년 동안 친척 방문을 허가하는 일을 상상이라도 할 수 있겠는가.

주간동아 2015/2/2

# 미국-쿠바 국교정상화 환호하는 아바나를 가다

미국과의 국교정상화를 선언한 쿠바에 가 보라는 회사의 지시를 받은 직후 늘 하던 대로 버지니아 주 한인밀집지역인 애넌데일에 있는 한인 여행사에 전화를 걸었다.

"가능한 빨리 쿠바 아바나에 갈 수 있는 비행기 표를 알아봐 주세요."

"어디요? 쿠바요?"

"예. 마이애미에서 아바나로 바로 가는 비행기가 없을까요?"

직원은 어이가 없다는 듯이 한동안 말을 못하다가 이렇게 입을 열었다.

"특파원님, 미국의 여행사들은 국제 항공권 발급 전산시스템에서 아예 쿠바 국가코드를 칠 수가 없어요. 당연히 미국에서 쿠바로 바로 갈 수도 없고요. 캐나다나 멕시코, 파나마를 통해서만 들어갈 수 있지요."

설명을 듣고서야 내가 미국에 살고 있다는 사실을 깨달았다. 두 나라가 국교정상화에 합의했지만 아직 바뀐 것은 없었다. 두 나라는 정치경제적으로 아직 단절 상태였던 것이다.

어쩔 수 없이 서울 본사에 전화를 해서 한국 여행사를 통해 비행기표를 끊었다. 마이애미와 쿠바는 단 90마일 거리였지만 나는 워싱턴에서 멕시코시티를 거쳐 아바나를 오가는 먼 길을 돌아야 했다.

불편은 이뿐만이 아니었다. 쿠바에서는 미국의 은행이 발급한 신용카드를 쓸 수가 없다. 미국 달러를 비롯한 어떤 외화도 직접 사용할 수 없다. 그래서 달러나 유로를 직접 현금으로 싸들고 가서 현지 환전소에서 바꿔야 한다.

쿠바는 1달러를 1태환페소(CUC)로 바꿔 준다. 외국인들은 어디서나 CUC만 쓸 수 있다. 1CUC와 현지인들이 사용하는 불태환페소(CUP)의 비율은 1대 24. 쉽게 말해 쿠바 원래 돈의 달러당 환율은 24CUP인 셈이다.

그런데, 쿠바 정부는 CUC로 환전을 해 주면서 수수료를 뗀다. 그런데 비교적 사이가 좋은 유럽연합의 돈인 유로나 캐나다의 달러는 3%만 떼는 데 비해 앙숙이던 미국 달러는 10%를 더 붙여 13%의 수수료를 뗀다. 쉽게 말해 캐나다 달러를 100달러 주면 97CUC를 주지만 미국 달러를 주면 87CUC밖에 받을 수가 없다.

당연히 달러를 유로로 바꿔 가는 것이 이익일 것 같았다. 1,000달러를 미국 덜레스공항 환전소에 내미니 590유로를 줬다. 이걸 쿠바 환전소에 내미니 835CUC를 바꿔 줬다. 달러를 직접 환전한 것보다 더 낮은 가격이다. 직원에게 따졌더니 최근 CUC대 유로 가치가 떨어졌다는 것이다. 반면 미국 환전소는 급하게 환전하는 최고 환율로 기자에게 바가지를 씌운 것이었다. 미국, 쿠바 간 복잡한 통화 관계 때문에 졸지에 기자의 호주머니가 홀쭉해졌다.

마지막 하나 더, 미국에서 구입한 아이폰 5는 멕시코시티까지는 자동 로밍이 됐다. 하지만 쿠바 영토에 들어서자 완전 먹통. 졸지에 아바나에 들어간 1월 14일부터 17일까지 3박 4일 동안 기자는 극심한 '분리불안'을 느껴야 했다. 민박집에는 인터넷 서비스가 안 됐고 그나마 있던 KOTRA 아바나 무역관 인터넷은 느렸다.

장황하게 험난한 '아바나 가는 길'을 설명한 이유는 다름이 아니다. 쿠바 체류 기간 중인 15일 미국 국무부와 재무부가 발표한 양국 관계 정상화 구체방안에 따르면 많은 불편이 해소될 것이라는 주장을 위해서다.

미국 정부는 앞으로 쿠바 주민 고향 방문과 교육·문화 교류 등의 12개 이유를 앞세운 미국인 쿠바 방문 신청에 대해 일반 면허(general license)를 발급해 허용하기로 했다. 일반 관광은 여전히 금지되지만 12개 항목의 핑계를 댄 '사실상의 관광' 기회가 늘어난다. 취재도 그 한 가지다. 이들을 쿠바까지 모시는 미국 여행사들의 항공기 좌석 티케팅 등 서비스가 확대될 것으로 기대된다.

미국 정부는 미국 은행 등이 쿠바 금융기관과 연계 서비스를 할 수 있도록 했다. 이렇게 되면 미국인들이 쿠바 현지에서 미국 금융 회사들이 발급한 신용카드를 사용할 수 있다. 이제 현금을 싸들고 갈 필요도 없고 미국과 쿠바 환전소에 거액을 뜯길 이유도 사라지게 된다. 물론, 쿠바 환전소가 13%의 고액 수수료를 얼마나 내릴지는 모르지만 말이다.

당연히 미국 휴대전화의 쿠바 로밍 서비스도 가능해지지 않을까 싶다. 특히 미국과 쿠바 정부는 쿠바의 낙후된 인터넷망과 휴대전화 서비스를 개선하기 위해 미국 업체들의 쿠바 진출을 원칙적으로 허용하기로 약속했다. 미국업체들이 들어가 깐 인터넷망과 휴대전화 서비스의 최우선 수혜자는 바로 미국인 방문자들일 것으로 보인다. 쿠바 현지의 돈 있는 주민들은 이미 최첨단 스마트폰에 인터넷 서비스를 이용하고 있었다. 따라서 쿠바 정부가 정보의 유통으로 인한 체제 불안을 우려해 미국 정보통신(IT) 기업들을 정치적인 이유로 막을 것이라는 가설도 설득력이 없어 보였다. 다만 쿠바가 지불할 돈이 있는지가 문제였다.

쿠바로 들어가는 송금은 얼마나 늘어날까. 현지의 서정혁 KOTRA 아바나무역관장의 설명에 따르면 현재 200만 명으로 추산되는 미국 내 쿠바인들은 지금도 제한 없이 쿠바에 송금을 한다. 이를 포함한 미국의 연간 쿠바 송금은 20억 달러 정도라고 미 국무부가 밝혔다.

미국 거주 쿠바인이 아닌 보통 미국인들의 송금 한도는 분기당 500달러에서 2,000달러로 네 배 늘어난다. 가족 송금이 아닌 인도 지원이나 교육·문화 교류 관련 송금이 얼마나 더 늘어날지가 관건인 셈이다. 정훈 KOTRA 부관장은 "미국 내 쿠바인들이 미래를 대비해 현지 가족에게 송금을 더 늘려 부동산 투자 등을 할 수 있다"고 전망했다. 어쨌든 이래저래 미국에서 쿠바로 들어가는 달러는 늘어날 것으로 보인다.

쿠바 취재 중 확인한 첫 번째는 미국과 쿠바 지도자들이 밝힌 대로 대사급 외교관계를 복원하는 것은 물론이고 미국인의 쿠바 방문과 송금 확대, 미국 기업들의 쿠바 진출 확대 등이 현실화되는 데 큰 장애가 없다는 것이다. 이미 미국의 여행사들에 쿠바 관광을 문의하는 전화가 폭주하고 있고 미국 기업들은 당장의 이익이 아니라 장기적으로 쿠바 내 거점을 확보하기 위해 당국의 허락만 떨어지길 기다리는 상황이라고 한다. 미국 상의는 지난해 12월 17일 버락 오바마 대통령과 라울 카스트로 쿠바 국가평의회장의 역사적인 국교 정상화 발표 당일부터 환영 입장을 밝힌 상태다.

기자는 2008년 2월 서울의 경남대 북한대학원에서 '북한과 쿠바의 경제위기와 개혁'이라는 주제로 박사학위를 받았다. 논문 자료를 수집하기 위해 초고를 낸 직후인 2007년 11월에 8박 9일 동안 쿠바를 처음 방문한 적이 있다. 취재를 위한 두 번째 쿠바 방문을 앞두고 기자의 뇌리를 떠나지 않았던 가장 중요한 질문은 이것이었다.

미국이 쿠바를 받아들이는 것인가 아니면 쿠바가 미국을 받아들이는 것인가. 누가 누구에게 걸었던 빗장을 푸는 것인가. 그렇다면 무얼 노린 것인가.

쿠바로 들어가기 전 자료를 정리하면서 그리고 쿠바 현지에서 어렵지 않게 답을 찾았다. 미국은 당장 경제적으로는 큰 도움이 되지 않지만 장기적인 정치적 이익을 위해 쿠바에 대한 빗장을 푼 것이다. 반면 쿠바는 장기적으로 미국의 영향력이 커질 정치적인 위험을 감수하고 단기적인 경제적 이익을 위해 빗장을 풀었다는 것이다.

미국 〈워싱턴포스트(WP)〉가 1월 10일자에 적절하게 지적한 것처럼 산업이 발달하지 않은 쿠바는 미국에 팔 것도 적고 미국 물건을 살 돈도 별로 없는 것이 현실이다. 하지만 주미 대사관 관계자는 "미국이 아메리카 대륙에 영향력을 확대하기 위해 그동안 섬으로 남겨져 있다는 쿠바를 영향력 아래 끌어들이는 것"이라고 설명했다. 러시아와 이슬람국가(IS)에게 호된 시련을 겪은 오바마 대통령이 퇴임 전 외교적 업적을 남기기 위해 라울 의장과 손을 잡았다는 정치 공학적 설명보다는 심오한 포석이 깔려 있다는 것이다.

이에 비해 쿠바는 1898년 끝난 미서전쟁을 통해 스페인의 식민지배에서 해방된 뒤 1959년 혁명 때까지 미국의 지독한 정치적 종속과 경제적 수탈을 경험했다. 1961년에 단절된 미국과의 관계 정상화는 과거와 같은 대미 종속과 나아가서는 공산당 독재체제의 위험까지도 초래할 수 있는 정치적 도박인 셈이다. 하지만 1990년대 소련의 체제 전환으로 인한 초유의 경제위기(쿠바인들은 이를 '특별한 시기'라고 부른다)를 거치면서 미국을 제외한 유럽과 전 세계 관광객과 투자자들에게 이미 상당한 개방을 한 쿠바는 여기서 쌓은 경험과 자신감을 상대로 미국인과 자본을 받아들여도 체제 유지에 지장이 없다는 판단을 한 것이다.

쿠바 현장은 이런 생각을 확인시켜 줬다. 7년 2개월 만에 다시 찾은 쿠바는 말 그대로 '자영업 천국'이었다. 2008년 2월 형인 피델 카스트로의 권좌를 넘겨받은 라울은 2011년 4월 6차 공산당대회 이후 민간경제 활성화에 나섰다. 급기야 2013년 12월에는 자영업자들이 가족이 아닌 직원을 고용할 수 있도록 허용했다. 2010년에는 택시 자영업을 허용하는 등 업종도 201개로 확대하고 각종 규제도 철폐했다. 비효율적인 사회주의 정부 부문에서 100만 명을 구조조정 하는 것을 목표로 이들에게 자영업으로 살아갈 길을 열어 준 것이다.

지난해 8월 현재 정부 추산 자영업자는 47만 2,000여 명으로 2007년 13만 8,000명에서 세 배 가까이 늘어난 것이다. 불법 자영업자는 이보다 4~6배 많을 것으로 추산된다. 인구 1,100만 명인 쿠바의 경제활동인구를 500만 명으로 잡으면 많게는 절반 정도의 인구가 자영업으로 생계를 유지하면서 국가에 세금을 바치는 자본주의식으로 살아가고 있는 셈이다. 미국인들이 밀려들어 오면 자영업자들에게 숙박, 요식업, 교통 등의 서비스를 제공하도록 해 달러를 벌어들이도록 하고 국가는 세금 수입을 늘릴 수 있다는 계산이다.

그뿐만이 아니다. 쿠바 공산당 정부는 이미 1992년부터 군부 소유 국영기업을 내세워 쿠바 관광산업의 80%를 장악한 상태다. 외국인 상대 고급 상점뿐만 아니라 미국에서 송금을 받는 쿠바인들이 사용하는 외환상점 등도 국가 소유다. 미국인들이 들어와 쿠바의 명소를 둘러보고 상품을 많이 사갈수록 그 이익금은 군부의 손으로 들어가 국방을 튼튼히 하고 공산당 충성 지지계층의 배를 불리도록 시스템을 깔아 둔 것이다.

미국의 정치경제학자 제비어 코랄레스가 2004년 '문지기 국가(Gatekeeper state)'라고 명명한 개념을 굳이 들이대지 않더라도 쿠바 독재정권은 1990년대 경제위기와 그 극복과정에서 불가피한 개혁과 개방의 범위와 심도를 통제하면서 수익성이 높아진 부분을 지배세력에게 나눠 줘 충성심을 유발, 오히려 국가의 힘을 강화해 온 것이다. 세계 관광객에게 쿠바 곳곳을 보여 줘도, 자영업자들이 이들을 재우고 먹이도록 해도 체제 불안은커녕 국가와 민간이 모두 달러를 더 벌어 행복해질 수 있다면 미국과의 관계 개선이 왜 두렵겠는가.

특히 이번 조치는 모든 쿠바인들의 전폭적인 지지를 받고 있었다. 아바나 현지에서 만난 모든 쿠바인들은 예외 없이 양국 정부의 데탕트를 환영했다. 말레콘 방파제에서 만난 화가 부부도, 통상변호사도, 아바나대 교수도, 민박집 주인도, 택시 운전사도 "이제 체제 유지를 걱정하지 않고도 미국인을 마음껏 받아들여 달러를 벌 준비가 됐다"고 입을 모았다.

그래서 현재 나의 잠정적인 결론은? 빗장을 연 것은 미국이라기보다는 쿠바다. 그 자신감은 20여 년 '국가 통제형 개혁개방'의 성과에서 나왔다. 앞으로도 쿠바는 미국인과 돈을 자기들의 방식으로 받아들였다가 문제가 생기면 다시 문을 닫는 '문지기 국가'의 행태를 계속 보일 것이다. 미국은 미국대로 열린 문을 더 열고 쿠바 민주화와 인권 개선이라는 정치적인 목적을 노릴 것이다. 그래서 미국과 쿠바의 진짜 싸움은 이제부터가 시작이라고 본다.

특파원 칼럼 2015/2/2

# 쿠바는 북한의 미래가 될 수 있을까

2005년 초, 한국 북한학계에는 쿠바 공부 바람이 불었다. 이미 10여 년 앞선 1990년대 초 과감한 개혁 개방을 통해 경제위기를 극복한 쿠바를 보면 북한의 미래가 보인다는 가설이 설득력을 얻었던 때다.

그 유행을 따라 2007년 11월 처음 방문했던 쿠바의 거리 곳곳에서는 정말 북한의 현재와 미래가 보이는 듯했다. 쿠바가 여러 면에서 앞서가고는 있었지만 두 나라 모두 사회주의 계획경제에 시장 메커니즘을 도입하는 '이행기 사회주의'였고 계획과 시장이 공존하는 '혼합경제체제'였다. 10년 늦기는 했지만 북한이 곧 따라갈 수 있겠거니 싶었다.

돌아와 완성한 논문과 기사에 북한과 쿠바가 '계획에서 시장으로 가는 제3의 길' 위에 있다는 주제를 담았다. 1990년대 초 냉전 종식과 함께 급격히 체제 전환을 해 버린 옛 소련 등 동유럽 사회주의 국가들이 제1의 길이요, 그전부터 정치적으로는 공산당 1당 독재를 유지하면서 시장경제로 전환한 중국과 베트남이 제2의 길이라면 북한과 쿠바는 이와는 다른 제3의 길을 걸으려고 하는 것 같았다.

북한과 쿠바를 한 묶음으로 보려는 기자에게 당시 만난 한 쿠바인은 "어떻게 그런 이상한 나라와 우리를 비교할 수 있느냐. 자존심이 상한다"고까지 했다. '도토리 키 재기' 같다는 생각에 속으로 웃음이 났던 기억이 생생하다. 그로부터 7년 2개월 만인 지난달 14~17일 미국과의 국교 정상화에 들뜬 현지 분위기를 취재하기 위해 쿠바를 두 번째 방문하고 나서는 북한과 동일시되는 자신들에 대해 마음 상해 있던 쿠바인들의 정서가 이해됐다. 엄연한 사회주의 나라로 자유민주주의 시장경제체제를 기준으로 하면 아직 갈 길이 멀었지만 북한과는 비교할 수 없을 정도로 훨씬 더 앞서가는 모습이다.

특히 자영업을 중심으로 한 민간경제 부문은 여느 자본주의 개발도상국가 못지않게 활성화된 상태였다. 거리에는 자영업 택시들이 넘쳐 났고 외국인을 상대로 한 민박집과 식당 등은 종업원을 마음대로 고용해 영업할 수 있었다. 집과 자동차도 공식적으로 사고팔 수 있다. 7년 전에는 볼 수 없던 변화다.

변화의 핵심에는 실용주의 리더십이 있었다. 2008년 2월 형 피델 카스트로에게서 공식적인 최고 지도자 자리를 넘겨받은 라울 카스트로 국가평의회 의장은 특유의 실용주의적 사고를 정책에 반영했다. 2011년 제6차 공산당대회에서는 비효율적인 국가경제 부문 개혁과 공무원 100만 명 퇴출 방침을 선언했다.

비슷한 시기에 권력 승계를 했던 북한은 오히려 뒷걸음질을 쳤다. 김정일은 생전인 2009년 11월 화폐개혁을 단행해 시장을 때려잡으려 했다. 후계자 김정은은 부지런히 시장을 만들고 주민 경제와 국가에 도움이 될 사회 인프라를 확장하는 대신에 자신과 최측근 엘리트들만 즐길 수 있는 호화 놀이터와 스키장, 음식점 등을 만드는 데 외화를 낭비하고 있다. 북한에서도 자영업과 시장 거래가 이뤄지고 있지만 정부의 방임 아래 비공식적으로 이뤄지는 불법 행위로 언제든지 국가의 철퇴를 맞을 수 있다. 쿠바에서는 정부가 제도적으로 영업을 보장한다. 북한 자영업자들은 돈을 벌어 권력자들에게 '뒤를 잘 봐 달라'고 뇌물을 바치지만 쿠바 자영업자들은 당당하게 국가와 국민을 위해 세금을 낸다.

미국과의 국교 정상화 합의로 쿠바는 북한보다 한 차원 더 앞서가게 됐다. 미국이 내민 손을 잡을 수 있었던 자신감은 20여 년 개혁 개방 성과에서 나온 것이란 생각이 들었다. 개혁 개방을 외면하고 핵·미사일 프로그램을 고집하는 북한. 아바나를 떠날 때 '쿠바까지 변하고 있는데 북한은 과연 어느 길을 갈 것인가' 하는 묵직한 물음이 밀려왔다.

주간동아 2016/11/9

# '미국 예외주의'의 쇠퇴와 도널드 트럼프의 선전

기자가 〈동아일보〉 워싱턴 특파원으로 재직한 2013년부터 3년 동안 미국 현지 교민사회의 뜨거운 이슈 가운데 하나는 '선천적 이중국적자'의 국적 포기 문제였다. 2005년 개정된 국적법에 따라 미국에서 태어나 이중국적자가 된 교포 2세들이 만 18세가 된 날로부터 3개월 안에 한국 국적을 포기하지 않으면 38세까지 국적을 포기할 수 없고 병역의무를 지도록 한 조항에 대해 일부 교포들이 한국 헌법재판소에 헌법 소원을 제기했다. 무지 또는 게으름으로 아들의 국적 포기 기간을 놓친 아버지들이 '아들의 국적을 포기할 기회를 달라'며 호소하고 나선 것이다.

아버지의 잘못으로 자신의 뜻과 상관없이 이중국적자가 된 아들이 한국에서 돈벌이를 하고 싶지만 먼저 군대에 다녀와야 하는 현실적인 문제에 부딪힌다는 이유였다. 진즉 한국 국적으로 포기했다면 그저 미국인으로 병역 문제없이 한국에서 사업을 할 수 있었다는 '만시지탄'인 셈이었다.

풍요로운 미국으로 태평양을 건너오면서 아들이 다시 한국으로 돌아갈 것이란 생각을 하지 못했던 아버지들은 뒤늦게 눈물을 흘려야 했을까. 문제는 미국 경제였다. 2008년 경제위기를 계기로 미국 청년들도 일자리가 부족한 상황이 이어지자 소수인종인 한국 교포 2세들이 그동안 받았던 '취업상의 배려'가 사라졌고, 마땅한 일자리가 줄어들기 시작했다. 이 때문에 미국과 한국을 오가며 돌파구를 찾으려는 교포 젊은이들이 늘었지만 뒤늦게 '선천적 이중국적'에 발목이 잡혀 있다는 사실을 발견하게 된 것이었다.

박근혜 정부가 출범 초기부터 대미 정책 전략과제로 삼았던 '한국인 전문직 취업 비자 연간 1만 5,000개 획득' 프로젝트가 '헛꿈'이 된 이유도 마찬가지다. 주미대사관이 친한파 연방 의원들을 앞세워 수차례 법안을 발의했지만 관련 입법이 성사되지 않는 이유는 단 한 가지다. 미국 의회 관계자는 "미국에서 태어나 미국에서 정규 교육을 받은 미국인 전문직도 자리가 부족한 상황인데 왜 한국인들에게 그런 특혜를 주어야 하느냐는 반론이 더 먹혀들고 있기 때문"이라고 설명했다.

비단 한국인뿐만이 아니었다. 오바마 행정부 8년 동안 흑인과 히스패닉 등 소수 인종에 대한 배려(affirmative action)는 실질적으로 위축됐다. 아이비리그 등 유수 대학들은 과거처럼 소수인종 지원자를 우대하지 않았다. 대신 '아버지가 부자라서 장학금을 받을 생각이 없다'는 '금수저 백인 학생님'들을 가려 뽑았다. 미국 연방대법원은 2014년 4월 대학 입학 전형에서 소수인종의 우대정책을 공립대에 적용하지 못하게 한 미시간 주의 헌법 개정에 대해 합헌 결정을 내렸다. 성난 아시아계 학부모들은 2016년 5월 아시아계를 차별한 예일대 등 명문 사립대에 대해 교육부 조사를 요구하기도 했다.

이처럼 2008년 경제위기 이후 미국의 변화 움직임을 이해한다면 2016년 대선을 막판까지 경쟁력 있는 후보로 완주한 도널드 트럼프 열풍을 설명하기가 훨씬 쉬워진다. 막말과 성추행 전력, 무지와 편견으로 가득 찬 부동산 재벌 도널드 트럼프가 공화당의 후보 자리를 움켜쥐고 대선 막판까지 모든 면에서 정반대인 워싱턴 기득권 세력 힐러리 클린턴 민주당 후보와 겨룰 수 있었던 힘은 바로 '우리끼리 잘 살자'는 '앵그리 화이트 아메리칸'의 마음 속 지지 때문이라고 본다.

오바마 행정부 8년 동안 진행된 미국 내 소수인종에 대한 배려의 삭감은 트럼프가 대선 구호로 내건 '미국 우선주의(America First)'의 한 축에 불과하다. 또 다른 축인 △ 동맹국의 자국 안보비용 추가부담 요구 △ 자유무역 협정 승인 거부 및 재협상 요구 등도 마찬가지로 이 기간 동안 미국 여론의 밑바닥에서 자라나기 시작했다.

2013년 2월 북한의 3차 핵실험 이후, 워싱턴 싱크탱크들이 주최한 세미나에서 일부 한반도 전문가들은 "북한의 핵·미사일 프로그램이 진전되고 있는데 왜 직접 당사자인 한국은 국방비를 복지비에 돌려 쓰고 있느냐"는 비판을 공식·비공식적으로 제기했다. 미국 상의를 중심으로 한 경제계 인사들은 한미자유무역협정(FTA)으로 미국 경제만 손해를 보고 있다며 오바마 행정부 2기 내내 볼멘소리를 해 댔다.

왜 우리는 소수인종과 경제적 약자들을 우대해야 하는가? 왜 동맹국들의 방위비를 대신 부담해야 하는가? 왜 무역 적자를 보면서 자유무역을 확대해야 하는가? 등등의 물음은 2차 세계대전 이후 세계 최강대국으로 부상한 미국이 기존의 어떤 국가, 특히 낡은 유럽의 국가들과 질적으로 다른 '예외적인 국가'라고 하는 '미국 예외주의(American Exceptionalism)'라는 믿음에 근본적인 회의를 제기한다.

베트남전 이후의 '뉴 레프트(New Left)' 운동처럼 미국의 젊은이들이 앞장을 섰다. 뉴욕시립대 피터 베이나트 교수는 2014년 2월 3일 〈내셔널저널〉에 '미국 예외주의의 종언'이라는 글을 싣고 "미국의 젊은이들은 아버지 세대보다 애국심에 기초한 일방주의 대외정책에 반감을 가지고 있으며 이에 따른 '불개입주의'의 확산은 '예외주의 국가'라는 미국의 위상을 허물고 있다"고 주장했다. 베이나트 교수가 제시한 미국 예외주의의 고전적인 세 가지 측면은 △ 세계 평화를 명분으로 한 일방적 군사 개입주의(대외정책) △ 기독교의 나라(종교) △ 평등한 나라(경제) 등 세 가지다.

2009년 오바마 대통령 출범 이후 미국은 대외 정책에서 불개입주의(또는 신고립주의)로 회귀하고 있으며 제도권 교회는 몰락하고 있고 경제의 불평등은 심화되고 있다는 점에서 예외주의에서 벗어나고 있다는 주장이었다.

미국이 예외주의의 무거운 짐을 벗어던진다는 뜻은 여느 나라와 비슷한 보통의 나라가 된다는 뜻이다. 트럼프처럼 성적·인종적 차별에 가득 차 있고 갖은 성추문 전력이 있으며 부동산 사업과 연방 절세 등으로 돈을 번 워싱턴 문외한도 백악관의 주인이 될 수 있는 나라, 세계 최강대국이라는 체면 때문에 어쩔 수 없이 천문학적인 세금을 나라 밖 전쟁과 미군 주둔에 사용하고 젊은이들이 외지에서 피를 흘리지 않아도 되는 나라, 돈이 되지 않는 나라와는 무역 장벽을 다시 치고 주판알을 튕기며 관세 전쟁을 다시 할 수 있는 나라 말이다.

실제로 트럼프는 대선 출마를 선언하기 한 달 전인 2015년 4월 말 지지자들과의 대화 과정에서 "나는 미국 예외주의를 믿지 않는다"고 말했다. 그는 텍사스 주의 티파티(강경 보수 성향의 미국 시민단체)가 주최한 토론회에서 "미국 예외주의가 무엇이고 지금도 존재하느냐"는 질문을 받고 "그 용어를 좋아하지 않는다"며 이같이 말했다. 대신 그는 "미국이 다른 나라보다 예외적이고 뛰어난가"라고 반문하면서 "그런 용어를 사용하는 사람들은 세계를 모욕하고 러시아, 중국, 독일, 일본 같은 나라들을 공격하는 것"이라고 잘라 말했다.

공화당의 전통적인 믿음인 '미국 예외주의'를 부정한 트럼프를 경쟁자인 힐러리 클린턴도 비난하고 나섰다. 클린턴은 올해 8월 한 유세에서 "우리는 미국인이라는 점 때문에 즐겁다. 이건 예외적인 축복이다. 하지만 그건 심각한 책임이기도 하다. 하지만 누가 그것(미국 예외주의)에 동의하지 않겠는가. 하지만 내 경쟁자는 그렇다"고 목소리를 높였다.

하지만 클린턴을 지지하지 않는 많은 미국인들은 '클린턴이 대통령이 되면 지금까지의 미국이 하던 대로 예외적인 나라, 세계 최강대국 미국의 체면을 유지한다며 미국인들의 세금으로 만든 돈을 해외에 뿌리고 다니고 폼을 잡을 테지?'라고 생각했을 것이다. 막판까지 클린턴을 몰아붙인 트럼프의 숨은 힘은 '미국 예외주의'에 대한 미국인들의 회의였다는 생각이다.

# 오바마는 왜 트럼프처럼 김정은을 다루지 않았을까

## 북미정상회담 그 후, 꼭 읽어야 할 오바마 대북정책의 교훈

1판 1쇄 인쇄 2018년 6월 14일
1판 1쇄 발행 2018년 6월 20일

지 은 이 신석호

펴 낸 이 류원식
책임편집 이정화
디 자 인 김경아

펴 낸 곳 린쓰
주 소 (10881)경기도 파주시 문발로 116
등 록 제406-2016-000123호
전 화 031-955-0962
팩 스 031-955-0955
이 메 일 newonseek@gmail.com

* 이 책은 삼성언론재단의 저술지원을 받아 출간되었습니다.


ISBN 979-11-960549-2-2(03340)

이 도서의 국립중앙도서관 출판예정도서목록(CIP)은
서지정보유통지원시스템 홈페이지(http://seoji.nl.go.kr)와
국가자료 공동목록시스템(http://www.nl.go.kr/kolisnet)에서 이용하실 수 있습니다.
(CIP제어번호 : CIP2018018450)

린쓰 '이웃隣의 글쓰기' 린쓰입니다.
머릿결을 부드럽게 해주는 린스처럼 삶의 윤기를 더할 이웃의 목소리를 담겠습니다.